# 偽札百科

村岡伸久著



国書刊行会

# はじめに

偽札とは何か、なぜ人は偽札に騙されるのか、自販機を狙った偽札犯罪とはどのようなものだったのか、本書は偽札事件を振り返り紙幣の特徴と偽札を比較しながら偽札とはどのようなものかを情報として提供しています。

さらに本書は偽札の歴史、特徴や印刷技法、自動販売機で使われている紙幣識別機の基本動作を紹介しています。機械の動作を理解すれば弱点も見えてきます。紙幣や紙幣識別機は万能ではないことを知って頂くためとの思いがあります。

犯罪に荷担するかのように誤解されがちですが、金庫破りには「バールのような物」が使われると報じられれば、バールを使えば金庫は壊すことが出来ると想像がつくのと同じです。逆に考えるならバールでもこじ開けられない金庫を用意すればいいのです。報道とは受け手の考え方次第で見方が変わるものであるとの思いがあります。

隣国において偽札は日常に存在するものです。一部偽札は普通に流通していることも分かっています。流通した偽札は通貨としての役割を果たしていますが、途中で偽札だと発覚すれば受け取った人はトランプのババ抜き状態、誰かに渡して難を逃れることを考えます。安全な日本では考えにくいことですが西暦二〇〇九年の中国では六億元以上、日本円に換算すると八十億円以上もの偽札が押収されています（一元は約十三円で計算）。安全な日本から見れば対岸の火事、そう思っている人は要注意、いつ被害者になるかわかりません。本書をお読みになることで、紙幣と偽札の特徴を理解し、被害者にならないための情報を仕入れることとなれば幸いです。

目次

# 偽札百科

# 第一章　偽札について　法律、歴史、作り方

## 一、偽札とは

偽札（にせさつ）とは本物のお札を偽造した紙幣のことで、贋札（がんさつ）、擬札（ぎさつ）ともいいます。また偽札には偽造と変造の二種類の概念があります。本来は広義的な意味が偽造で、類似の概念として、存在するものに手を加え、価値を変えることを変造といいますが、本書においては偽造とは新しくまねて作るものをいい、変造とはすでにある本物に手を加えて別の価値を作るものをいうことにします。日本国内における身近な話題では、千円札の偽物が自動販売機の紙幣識別機をスルーして商品やつり銭を騙し取る犯罪に使われる偽札を偽造、韓国五百ウォン硬貨を削り日本の五百円硬貨と同じ重さにしたものが変造です。

さらに偽札を作る場合、どのように偽札を使うのかで二種類の作り方があります。「人を騙すために作られる偽札」と「機械を騙すために作られる偽札」です。

一つめの人を騙す偽札は見かけ上本物と似ている必要があります。縦横の大きさ、紙の厚み、色合い、手触りなどが偽札を作るポイントで偽札を作る側としては完成度の高さを要求されます。近年では、深夜のタクシーや、忙しくしているコンビニのレジで使われた犯罪がありました。

図1の上は本物、下が高性能カラー複写機によるコピーです。ホログラムだけは複製できませんが、それ以外は一見して綺麗な仕上がりで暗闇なら騙されてしまうかもしれません。

平和な日本においてお札を神聖視する傾向があるため、高い技術をもつ日本製のお札は複製できるはずがない、テレビや新聞のニュースで犯罪を知っていてもまさか被害者にならないとの思いこみ等、対岸の火事的な気持ちや心のゆるみもあるのでしょう。多少本物とは違っていてもコロっと騙されてしまうよう

[図1] 最新鋭のカラー複写機はボタン一つで複写元の色合いを忠実に再現することができるので、見た目にそっくりな偽札が出来てしまう。

[図2] 見た目には汚く、本物との色合いが全く違うコピーだが紙幣識別機はいとも簡単に騙され本物の紙幣として認識してしまった。

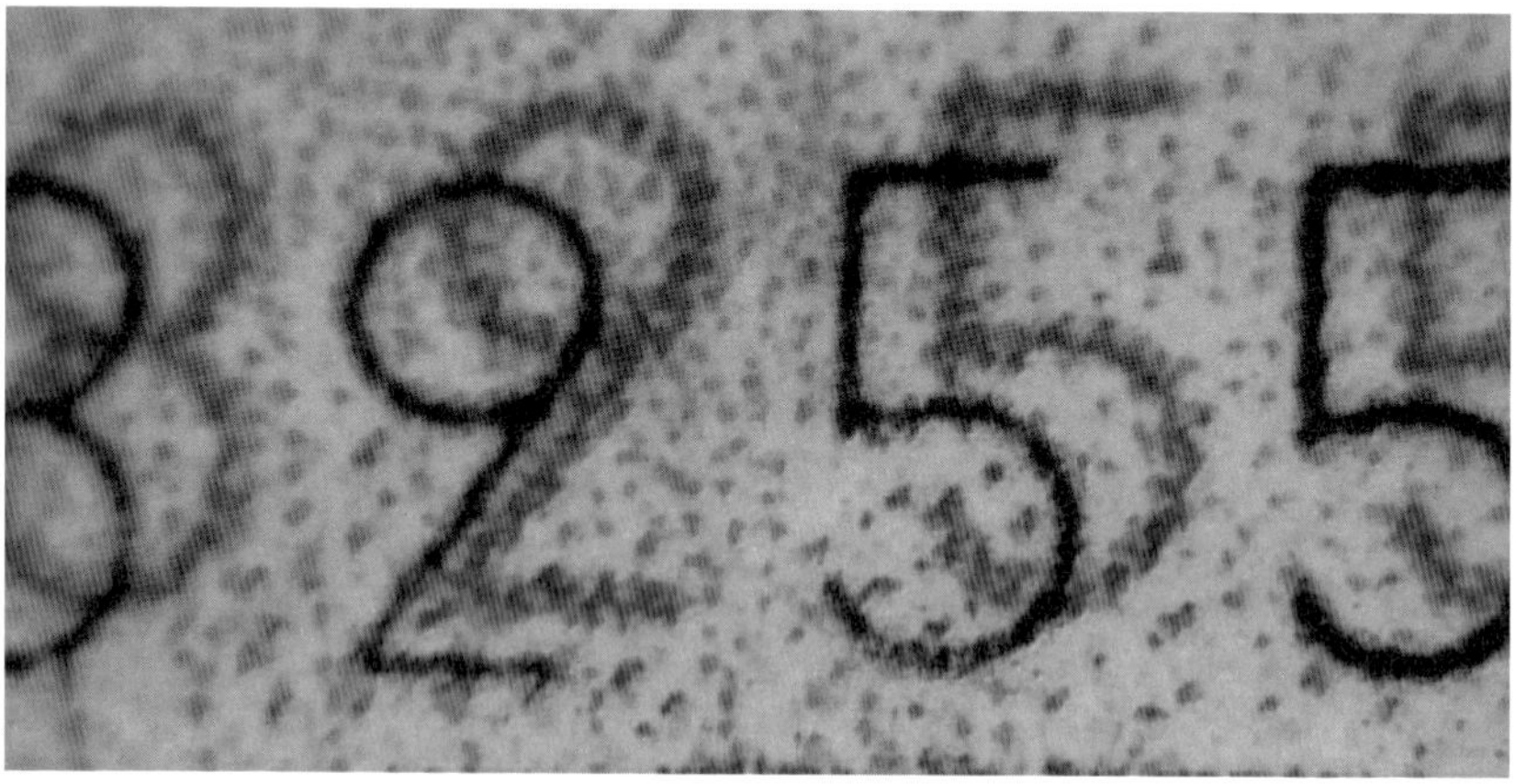

［図3］白黒コピーとカラーインクジェットプリンタで二度同じ紙に印刷しているためずれてしまい偽札であることは一目瞭然。ところが紙幣識別機は粗悪なコピーすら本物と誤認する。

です。

二つめは機械を騙す偽札、見た目には関係なく自動販売機や駅にある券売機で使われている紙幣識別機を騙すことを目的とした偽札で、機械が真贋判定に使っている電気センサを騙すことを目的として作られています。

図2の上は本物。下は白黒複写機によるコピーをした紙にカラープリンタで印刷した二重印刷です。

紙幣識別機の電気センサは機械の中を紙幣が通貨するときに電気信号として得られた情報で真贋判定をします。機械を騙すだけですから見た目は関係なく電気センサへは偽物でありながら本物の情報を与えるように作ればいいのです。

図3は、紙幣に印刷されている記番号と呼ばれる一連番号ですが、二重印刷であることがはっきり分かるほどの粗悪な印刷でも紙幣識別機は本物として誤認してしまいます。

機械を騙すなんて素人には出来そうもない話に聞こえますが、実はそうでもありません。白黒コピーとパソコンやイメージスキャナ、カラープリンタがあれば誰でも作れてしまいます。

さらに作った偽札が本当に機械を騙せるかをテストする方

法も簡単です。ちょっと外に出て自動販売機に偽札を入れてみればいいのです。特に深夜の自動販売機は人の気配も無く、偽札を入れたからと言って警報が鳴るわけでもありませんから偽札の完成度を確認するにも何ら困らないのです。

偽札を作る人も最初は出来心のいたずら程度、興味本位で作ってみた偽札だったはずですが、自動販売機を実験台に繰り返し試作することで機械を騙す偽札の完成度が高まっていきます。

偽千円札を清涼飲料水の自動販売機に入れ、商品と釣り銭をだまし取るところから始まるこの犯罪ですが、最終目標に一万円札の偽造が待っています。今度は自動販売機が対象ではなく両替機です。偽一万円札を両替機に入れると本物の千円札が十枚出てきますから、マネーロンダリングも可能です。

千円札なら自動販売機、高額紙幣ならゲームセンターの両替機や駅にある券売機がターゲットです。

自動販売機設置数はアメリカが約七百七十万台、日本が約五百五十万台、台数だけならアメリカが多いのですが国土面積を考えると日本の方が桁外れに設置台数が多いことがわかります。

ニュース等で偽札の存在を知っている日本人ですが、殆どの人は本物と偽札を比較したことはありません。違いが分からなければ騙されてしまう可能性は高く、これからも人を騙す偽札は増え続けるでしょうし、路上に設置された自動販売機は無防備に近く、機械を騙す偽札の実験台や偽札のマネーロンダリングマシンにされてしまうと考えて間違いありません。

偽札を作ることや偽札であることを承知して使うことはもちろん犯罪で、日本では刑法（明治四〇年四月二四日法律第四十五号）の第十六章に通貨偽造の罪として明確に定められています。

「通貨偽造の罪」には、第百四十八条から第百五十三条まであり「通貨偽造及び行使等」「外国通貨偽造及び行使等」「偽造通貨等収得」「収得後知情行使等」「通貨偽造等準備」などが含まれています。

簡単に書くなら、使う目的で偽造してはいけない、偽造したものを人に渡したり、輸入してはいけない、受け取ったものが後から偽物とわかって使ってはいけない、さらに偽造目的で機材などを準備してはいけない、という内容です。

偽札に関する犯罪は国家転覆の引き金になるため罪は重く、国内では無期又は三年以上の懲役、外国では即死刑となる国もあるほどです。

ちなみに、次の図4、5は偽札ではありません。

この偽札ではないお札は、新人銀行員が紙幣の扱いに慣れるために使う練習用と、子供がおままごとに使う子供銀行のお札です。あきらかに本物ではないことが一目で理解でき、かつ実際に使用することができないものであれば、刑法第十六章、第百四十八条「通貨偽造及び行使等」第一項にある行使の目的でもなく、明らかに紙幣には見えず通用しないために、「お札風」なものとして作ってもいいことになります。もしもデザイン的な目的で紙幣を作りたいなら、誰もが一瞬で本物の紙幣ではないことが理解できる様式にしなくてはいけません。

さて、日本国内における偽札事件の殆どは個人が作っているのに対し、お隣中国では極めて高精度な偽札が作られています。例えば日本の偽札事件で発覚する偽札は人を騙すために作られる偽札であっても色合いも違いますし、「すかし」で代表される偽札防止技術は複製されていません。一見して偽札とわかるのが日本の偽札。しかしながら本物と偽札を比較したことの無い日本人には、偽札を見抜く力が不足しています。言葉は悪いのですが日本人が疎いところなのかもしれません。

ところが中国の偽札は日本のそれとは違い、見た目に完成度が高く、素人目にはわからない偽札で偽札防止技術の殆どが複製されています。日本の偽札がCクラスなら中国の偽札はSクラス。パソコンやカ

［図４］金融機関の新人行員が紙幣を数える練習に使う模擬紙幣で、デザインや色こそ全く違うが触ったときの紙厚や質感は本物そっくりである。

［図５］
大きさは手のひらにサイズ、小さく厚手の紙に印刷されている。ところが色合いと図柄は忠実に再現されている。大きさこそ違うが複製技術には驚いてしまう。

ラープリンタで作るものとは質が違います。プロ用の印刷機を使い、本物と同じ工程で組織力あるグループによって作られたものと思われます。中国が作っている偽札が自国の元（げん）である今は対岸の火事で済んでいますが、日本の円を作られたら国内経済への影響も避けられないでしょう。

偽札は絶対に作ってはいけません。前にも書きましたが、刑法の第十六章で通貨偽造の罪について明確に偽札を作ったり使うことを禁止しています。ご存じでない方のために第十六章の通貨に関する箇所を抜粋します。

第百四十八条（通貨偽造及び行使等）

第一項

行使の目的で、通用する貨幣、紙幣又は銀行券を偽造し、又は変造した者は、無期又は三年以上の懲役に処する。

第二項

偽造又は変造の貨幣、紙幣又は銀行券を行使し、又は行使の目的で人に交付し、若しくは輸入した者も、前項と同様とする。

第百四十九条（外国通貨偽造及び行使等）

第一項

行使の目的で、日本国内に流通している外国の貨幣、紙幣又は銀行券を偽造し、又は変造した者は、二年以上の有期懲役に処する。

第二項

偽造又は変造の外国の貨幣、紙幣又は銀行券を行使し、又は行使の目的で人に交付し、若しくは輸入した者も、前項と同様とする。
第百五十条（偽造通貨等収得）
行使の目的で、偽造又は変造の貨幣、紙幣又は銀行券を収得した者は、三年以下の懲役に処する。
第百五十一条（未遂罪）
前三条の罪の未遂は、罰する。
第百五十二条（収得後知情行使等）
貨幣、紙幣又は銀行券を収得した後に、それが偽造又は変造のものであることを知って、これを行使し、又は行使の目的で人に交付した者は、その額面価格の三倍以下の罰金又は科料に処する。ただし、二千円以下にすることはできない。
第百五十三条（通貨偽造等準備）
貨幣、紙幣又は銀行券の偽造又は変造の用に供する目的で、器械又は原料を準備した者は、三月以上五年以下の懲役に処する。

## 二、偽札の歴史

印刷の世界史を調べてみると、紀元前四〇〇〇年のバビロニアの押圧印刷、西暦一〇五年には中国で紙が作られるようになります。西暦二八五年になるとようやく日本に紙と墨が伝わってきます。西暦九六〇年を過ぎるころになると木版による印刷技術も始まり一般化してきます。西暦一四〇〇年代は鋳造技術が確立しドイツを中心に銅板による彫刻や活版印刷技術などが進みます。西暦一四五七年になるとドイツによる三色印刷も始まります。西暦一五九〇年、印刷機が来日します。国内で初めての本が作られたのがこの頃です。まだまだ印刷をどのように用いていいのかわからない時代であった日本ですが、この十年後にお札がお目見えすることになります。

とても残念なことではありますが本物の紙幣と偽札は切っても切れない関係にあります。いつの時代においても紙幣の発行と共に偽札は出現し、紙幣の歴史の裏には偽札の歴史が存在していると言って過言ではありません。なんと最古の紙幣にも偽札が存在していました。

日本最古の紙幣は山田羽書（やまだはがき）だと言われています。これについては多くの書籍やインターネットで知られているところで、紙幣の歴史としてほぼ間違いないでしょう。

この山田羽書、実は国が発行する統一された紙幣ではなく私札でした。慶長五年（西暦一六〇〇年）ごろ、現在の三重県伊勢市にある神社内の営業でつり銭用の代わりとして預かり証をわたしていたものだと言われています。もしかすると紙幣というよりは手形と言ったほうがわかりやすいかもしれません。

山田羽書の現物は国立印刷局が運営をしている「お札と切手の博物館」や「伊勢市立郷土資料館」に行くと見ることができます。実際に見ると約四センチ×約二十センチの大きさで、木版による印刷と預かった金額が墨で書かれています。朱印もあり単に預かり証や手形の類というよりは契約書を感じさせる風格があります。日本で初めて登場するお札ではありますが、実際の用途としてはつり銭の代わりに発行した預かり証ですから、渡されるほうも、支払う方も面識があることになります。

現在のような紙幣とは違い、私札で預かり証ですから当然発行枚数も少なく、お札の歴史の一ページに留める程度のことと思いきや、無計画な乱発でもあったのでしょうか、なんと偽札が発見されたとの記録がありました。

古事類苑（こじるいえん……百科事典の類）の分類……泉貨部、篇……紙幣、項……羽書（四百五十一頁）には寛永元年（西暦一六二四年）に山田羽書のニセ物が出回っていたことが記載されていました（平成二二年七月現在、インターネットでも検索が可能です。http://shinku.nichibun.ac.jp/kojiruien/index.html）。

預かり証である山田羽書を渡せば、記載されている金額と交換してくれるというわけですから、ほんの出来心からにしても偽物の山田羽書を作ろうという人が出てくるのも不思議はありません。

本当に預かり証なら、あて先の記録や日付、通し番号管理、譲渡不可などの規定があれば、偽物を渡されたとしてもその真贋を控えで確認できたと思います。まあ、いつの時代も悪いことを考える人はいるものです。結果的に歴史的な偽札の登場となったわけです。

この山田羽書、約四百年以上前に偽札が存在していたということにも驚きですが、二十年間ものあいだ預かり証の役目を果たし続けていた長寿なアイデアであったことや、その頃の日本には「つり銭」として扱える小額紙幣が存在しなかったことに驚きます。私札は地域的なものと考えられますから、日本のあちらこちらで紙幣の発行を待ち望んでいたのではないでしょうか。

山田羽書から半世紀が過ぎたころになると、幕府がそれぞれの藩に許可をすることで、多くの藩が紙幣（藩札）を作るようになります。ようやく紙幣にとって新しい時代が訪れることになると思いきや、幕府が統制し管理することもなく、私札同様にそれぞれの藩が藩幣を印刷していました。幕府が許可を与えたので藩札との表現になりますが、見方を変えれば私札の乱発と言えるでしょう。その証拠に江戸時代から明治時代になると、二百を超える藩や旗本がそれぞれ紙幣を作っていました。正確な数はわかりませんが、一つの藩が五種類の紙幣を作ったとして、軽く千種類を超える紙幣が存在したことになります。そもそも藩が紙幣を作るのは財政難によるものですから、乱発する藩がでてきても不思議ではありません。乱発による過剰な紙幣発行は一時的に豊かになっても経済のバランスは崩れ、乱発が明るみに出てきます。インフレにも似た状態ならまだ救えますが、偽札を作るとなれば話も違います。明治三年（西暦一八七〇年）福岡藩による藩ぐるみの偽札事件が発覚します。偽札専用の工場で百人を超える工員が従事していました。発覚するまでどのくらいの偽札が世に出回っていたのでしょうか。考え方にもよりますが藩が印刷した偽札は偽札だったのでしょうか？　その頃の印刷技術は言わば一般技術です。紙や墨などの資材さえ同じであれば似たようなものが作れたはずです。「偽札」と表現はしても作り方や材料が同じであれば本物と偽物は瓜二つだったのではないでしょうか？　見た目にそっくりな紙幣は一度流通すればもう見分けがつきにくくなっていたと思われます。藩札だけでなくまだまだ私札も使われていた時代、利用者が見比べるために必要な情報なども乏しかった頃の事ですから、藩による組織的かつ大規模な偽札と私札の偽札も含めるとその数は想像できないほどでしょう。

明治政府が新しい技術をもって日銀から発券したのが銀行券で、安定供給と精度の高い印刷技術によって紙幣の国内統一をします。明治から大正時代になるとドイツの印刷技術や写真技術、日々研究開発される偽札防止技術なども加わりさらに高精度な紙幣が作られましたが、新しい紙幣の発券とほぼ同時期に偽札がみつかっています。

チ－三七号事件と呼ばれる、昭和三六年（西暦一九六一年）秋田市の日銀秋田支店で偽千円札が発見される事件がありました。この事件の特徴は、偽札のニュースが新聞に掲載され、紙幣と偽札の見分け方など鑑別について記事が載り、しばらくすると新たな偽札が発見された点にあります。つまり新聞に偽札としての欠点が報じられると偽札が改良されたのです。欠点を補い精度の高い偽札を作ることで二年間に三百四十枚以上もの偽札が出続けることになりました。なお犯人は捕まらず時効が成立しています。

藩ぐるみの偽札事件からも想像できますが、偽札作りにはそれなりの技術が必要になります。特に「人を騙す偽札」は見た目が重要で、本物そっくりに作らなければ人を騙すことはできません。まだコンピュータの無かった頃の偽札作りには印刷技術や印刷機が必要不可欠でした。もちろん紙やインクに対する知識、複製技術も重要です。一般の素人の手におえるものではありませんが、偽札犯罪ではしばしば登場する職業があります。それは印刷業。

本物の紙幣から偽札を作るには、まずデザインの複製と使われている色を把握しなくてはなりません。単純な印刷ならば目視で色を選ぶこともできるでしょうが、紙幣ともなれば色合いは偽造防止のひとつに数えられるほどに中間色を多用します。現在、日本の一万円札には十種類以上のインクが使われていると言われています。これらを目視で探し再現することはほぼ無理。専門知識と機器による色分解を用いさらにオフセット印刷ができる環境も必要で、これは印刷業従事者でなければ不可能と言っていいでしょう。でもそれはプロならばあたりまえのように持ち合わせている技術、その気になれば偽札は作れるのです。

最高技術をもった日銀が作っている紙幣とは言え紙への印刷です。高度な印刷技術は政府や日銀だけが保有しているものではなく民生技術であることを忘れてはいけません。さらに進化する技術が安価になれば、プロの技に近づくことも不可能ではありません。

この十数年、コンピュータの技術は飛躍的に進歩するだけでなく、コンピュータやプリンタメーカ間の価格競争もあって個人で十分使える便利さと低価格が実現しています。イメージスキャナ、カラープリンタ、複写機の品質は日銀や警察の想定を超えるものになりました。過去においてプロでなければ作れなかった偽札は、パソコンを操作するだけで素人でも作れるのです。

平成一三年（西暦二〇〇一年）の暮れごろから数年間にわたり、自動販売機や電車の券売機、パチンコ店がゲームセンターにある両替機を狙った偽札時間が多発しました。

「機械を騙す偽札」が目立ってきたのがこの頃です。紙幣識別機の弱点をついた犯罪で、最も手軽に作れた偽札だったと思います。さらに無人である機械を狙った偽札事件は過去に類を見ないほど短期間で犯罪件数を増やしていきました。

素人のいたずらの延長線にあったとも勘違いしそうですが、偽札作りは重罪。総力をかけて犯人を捜す日本の警察にその殆どが逮捕されることになりますが、紙幣識別機の弱点が知られた以上、回避策はなくついに日銀は紙幣を入れ替えることにしました。平成一六年（西暦二〇〇四年）一一月一日に新しく世に送り出したのがE券と呼ばれている紙幣。千円札が野口英世、五千円札が樋口一葉、一万円札が福沢諭吉です。このE券の登場でD券は姿を消し、自動販売機や両替機を狙った偽札事件は一気に減少していきます。印刷技術が進むだけでなく、偽札作りに不可欠な解析力や応用力、それらを後押しするかにも思える、コンピュータを使った印刷技術が進化してくるとさらに新たな犯罪が発生してきます。

平成二一年（西暦二〇〇九年）一一月、愛知県内で百七十枚の偽一万円札を使った事件が発生しました。イメージスキャナ、コピー、ファックス、ページプリンタなどの機能が一つにまとまった「複合機」が使われていました。複製された偽札を飲食店やスーパーで使ってはつり銭を騙し取る方法で約二十四万円の釣り銭を手にした犯罪です。

平成二二年（西暦二〇一〇年）一月東北地方各地で偽一万円札五十一枚が発見されています。犯人は青森市、八戸市、盛岡市、仙台市、福島市などで連続して偽札を使ったと見られています。この偽札の特徴として、複写機やカラープリンタでの特徴となる赤みがかった色合いが出ているものの、偽造防止技術のホログラムがあったために騙されてしまいました。

真贋判定の要素の一つで、素人ではマネが出来ないとされていたホログラムが模倣されたのは大きなショックです。一目でチェックできる鑑別ポイントだったホログラムだけに、これに頼りすぎで騙されてしまった被害者も少なくなかったことでしょう。

「人を騙す偽札」も進化しつづけていることに注意が必要です。

## 三、偽札の作り方　プロ編

明治三年（西暦一八七〇年）の福岡藩における藩ぐるみ偽札作り事件だけでなく、高度な偽札作りにはそれなりの技術を持った人が関わっていた事実があります。昭和五七年（西暦一九八二年）には関西を中心に大量の偽札が発見されました。犯人は印刷業の経営者で、本物の紙幣から写真技法を用いて色毎の版を起こし偽札を作っていたそうです。専門技術として印刷工程を理解し印刷機器や微妙な色合いのインクを作れる設備があればこその犯罪です。結果として出来栄えの悪さから偽札が発覚するわけですが、それは、そもそも技量不足だったのでしょう。偽札作りは不調だった印刷業を立て直すための資金稼ぎだったといいますから、印刷も経営も力量が乏しかったと思わざるを得ません。いずれにしても、印刷を本業とする人はそれなりの知識がありますから、心に隙間があると危険な道に進むことになりかねません。

実際、どの程度の偽札が作れるのか、またその技法とはどのようなものなのでしょうか。

その前にプロと呼ばれる人が使う印刷方法にはいくつか種類がありますので、代表的な方法をご紹介しておきましょう。

### (1) 凸版印刷

歴史的には一番古い手法で、印刷の歴史そのものと言っても過言ではありません。現在においてもその技に惚れ込んだ顧客のために名刺や葉書、便せんなどに使われるために、この技術が残っています。鋳造された活字をゲラ台と呼ばれる木製の板の上に並べ文字を組んでいく方法です。印鑑に似た原理と考えていいでしょう。印刷したい文字デザインは、反転した活字の凸部分にインクをのせ印刷します。図6は、活字サンプル。これらを原稿に合わせて並べ印刷機の上に載せます。図7は凸版の原理になります。

### (2) 凹版印刷

紙幣の一部にも用いられる手法で、印刷したい文字デザインはくぼんだ部分にインクが流し込まれます。凹版の意味するところは、凹のくぼみが文字となるところですが、印刷された場所にインクの盛り上がりができ、特に紙幣ではそれを強調しているので、指で触るとインクの厚みを感じ取ることができます。現代の紙幣においては、表面の「千円」「五千円」「壱万円」の文字が凹版印刷です。図8はその原理。図9は、凹版で印刷された「千円」の文字です。

### (3) 活版印刷

ひと昔前は、新聞や雑誌などで多用されていた方法です。活字や写植で製版した銅や亜鉛など薄い合金の板が凸版となり、活版印刷機に取り付け印刷をします。原理は凸版印刷と同じですが、写植機を使った組版が行えることで、大量かつ短時間で組版することができました。新聞社ではこの版を円形に加工し輪

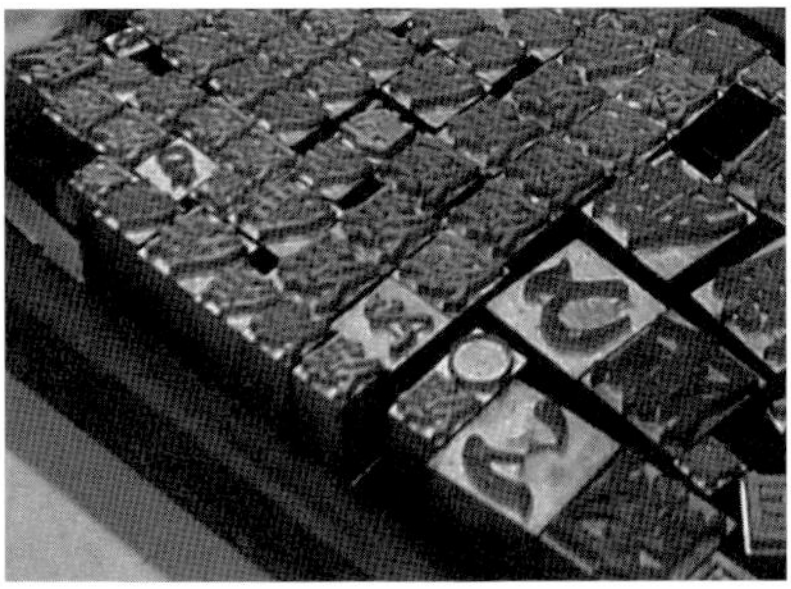

［図6］鋳造された活字は見出し用、本文用など使われる場所で文字の大きさも変わる。

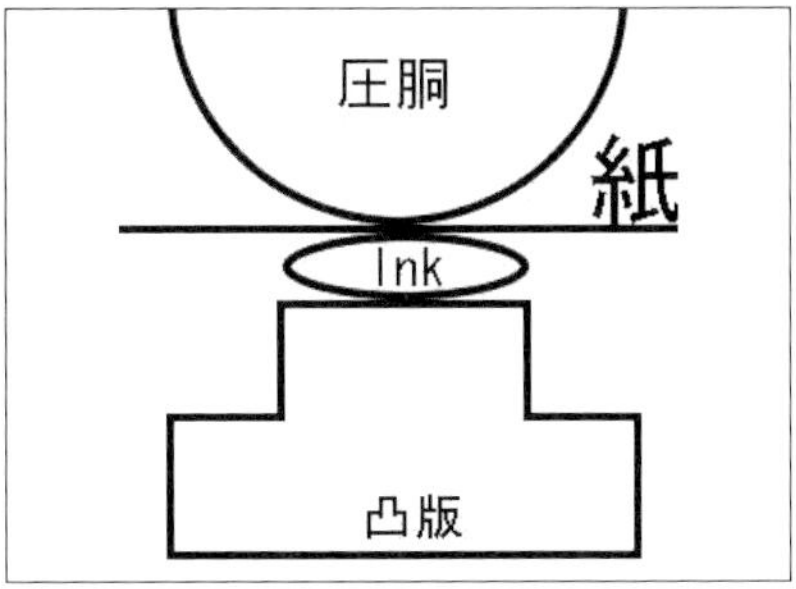


［図7］活字の上にインクを付けてから紙を置き、圧胴と呼ばれるロールでインクを紙に定着させる。

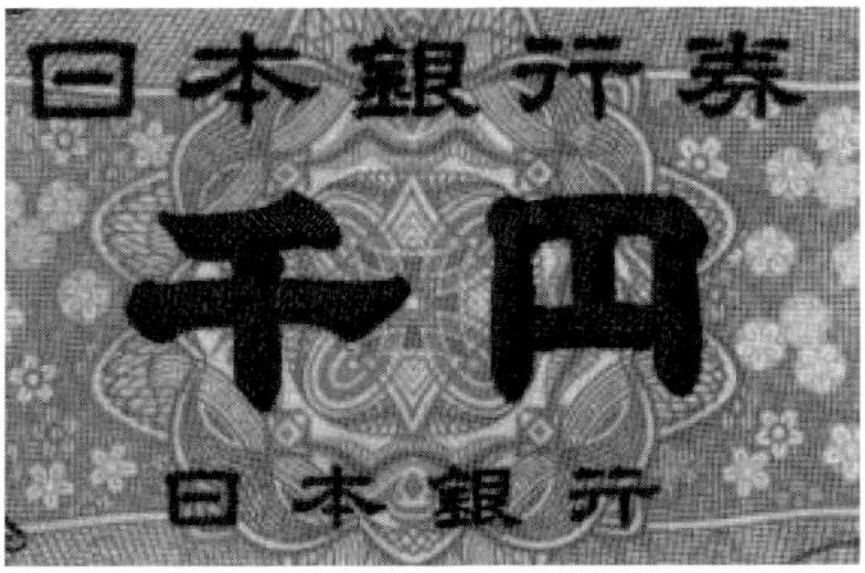


［図9］凹版で印刷された「千円」は、指で触るとインクの盛り上がりを感じることができる。

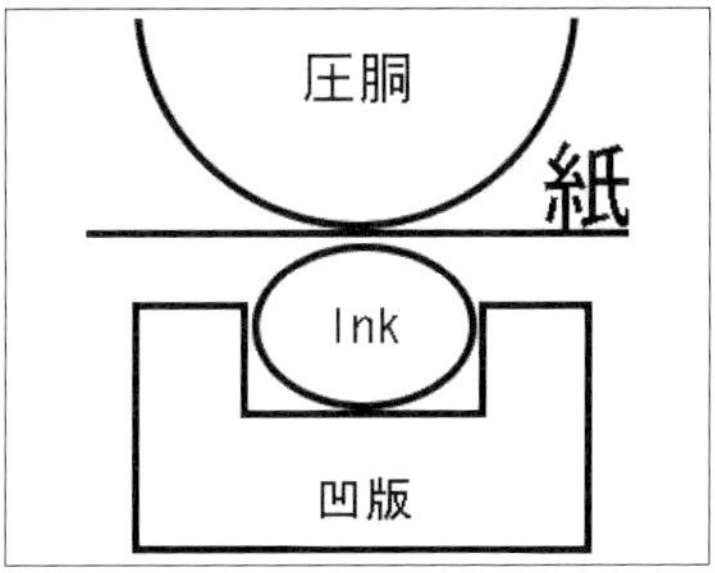


［図8］図案は削られた版の中にインクを流し込むことで、紙へインクを定着させる。

転機へ巻きつけ大量印刷をしていました。

### (4) グラビア印刷

グラビアアイドルの語源ともなっているグラビア印刷の原理は凹版です。エッチング技法で作られた版全体にインクを流し込みあふれたインクを取り除くことで、凹のくぼみにインクが残ります。凹版と紙を合わせ、圧力をかけることで紙にインクが残る仕組みです。

### (5) スクリーン印刷

孔版印刷とも呼ばれています。版は、細かな網目上になったスクリーンに感光剤を塗り写真技法と同じ原理で文字を焼き付ける方法です。メッシュ上のスクリーンで焼きついたところには穴があき、インクが通り紙に印刷されます。スクリーン印刷を民生化した商品には理想科学工業の「プリントごっこ」がありました（現在は発売していません）。

### (6) オフセット印刷

平版印刷とも呼ばれるこの手法は、一般化し最も多くの印刷物に利用されている印刷技術です。平版とも呼ばれる由来は、特徴として版に凹凸がないところで、版には樹脂やアルミや紙を版として使います。版から円筒形のブランケットと呼ばれるゴム製のドラムに転写してから紙に印刷します。版から直接印刷しないのが特徴で、版からブランケットにインクを転写（オフする）して、さらにブランケットから用紙へ印刷（セットする）しなおすことからオフセットと呼ばれています。オフセット印刷はインクのつく

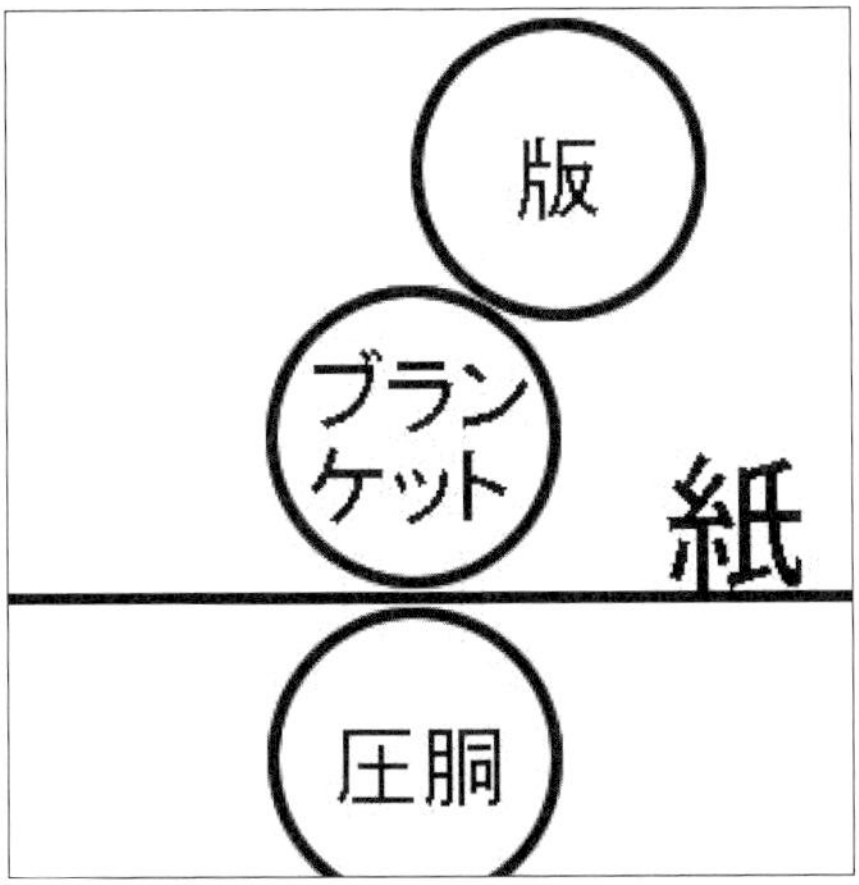


［図 10］
版となる原寸大のフィルムは、出力センタと呼ばれる専門業者でコンピュータデータからフィルムに出力することも出来る。

［図 11］
パソコンショップで民生用として売られているイメージスキャナでも簡単にマイクロ文字をデジタル化することが出来た。

ところと、インクがのらないところを版剤で処理しているため凹凸がありません。

コンピュータで作られた原図や原稿など版として組まれたデータは、イメージセッタと呼ばれる機械を使い、透明な原寸大フィルムに出力されます。フィルムは1200 dpi～4000 dpi の高解像度で出力されるため、極めて細密な印刷が可能で写真やカラー印刷に用いられます。図10は、オフセットの原理図、版からブランケットに転写され紙へと定着していく原理を図版化したものです。

## (7) プリントオンデマンド

印刷機用に版を作らないのが特徴で、パソコンを使ってデジタル化した版（ワープロなどのデータ）を印刷機に送り直接紙へ印刷をします。製本機能のある少し大きな複合機やカラーページプリンタを想像していただければ間違いないでしょう。

版を使わないプリントオンデマンドに対して、ダイレクトイメージングと呼ばれる版を作ってから印刷をする印刷機もありますが、これも一般にオンデマンドの仲間に入ります。版を作るオンデマンド方式は結果的にオフセットに近い品質が得られます。


偽札に適した印刷手法と言っては語弊がありますが、これらの印刷手法の中でもっとも簡単なのがプリントオンデマンドです。質感は落ちるものの市販のプリンタと比べても桁違いな出来栄えです。さらに精度を上げ、印刷のプロとして偽札を作るならオフセット印刷が適しているでしょう。ただし、本物の紙幣にはホログラムやすかし、紙質としては三椏（みつまた）が含まれた和紙を利用するなどの多くの偽札防止技術が取り入れられているので、百パーセント複製するのは困難です。著者は偽札を作ったことはありませんが、偽札の特徴を検証するために紙幣の一部だけをオフセット印刷で再現した印刷サンプルを過去に見たことがあります。紙質は厳選し色合いも紙幣に近いものを選んだそうです。簡単に説明するなら藁半紙をもう少し立派にしたものと想像してもらえれば近いかもしれません。紙厚も類似しているために、指で触った感じでは複製なのか本物なのかわかりませんでした。中間色を十色も使っている本物の紙幣に近づけるため、複製に用いるインクも慎重に選ばなくてはなりませんが、方法は意外にも簡単でした。写真技法によりカラーフィルタリングで色分解するだけ。現代のデジタル技術をもってすれば、同色を再現することは難しくありません。私の記憶の中では、偽札防止技術のひとつでもあるマイクロ文字（微細な文字）は再現されていませんでしたが、そもそも肉眼では見えないマイクロ文字は一瞬見ただけでの偽札鑑別には利用できず無用と判断できます。

ここにパソコン用として売られているイメージスキャナでデジタル化した紙幣のクローズアップがあります（図11）。紙幣は、平成一六年（西暦二〇〇四年）一一月一日に発行された野口英世が肖像として描かれたE券。紙幣の表面左上を1200 dpiの解像度で取得した画像には、肉眼で見ることの難しい「NIPPON GINKO」のマイクロ文字がはっきりと写されています。

民生品として売られているイメージスキャナで簡単にデジタル化することができるということは、それなりのプリンタで印刷するとマイクロ文字程度は再現できそうなことぐらいは想像がつきます。パソコンショップでは目にすることはありませんが、1200 dpi以上の高解像度出力が可能なカラーページプリンタはプリンタ専門商社などから売られています。百万円近くもする高価なページプリンタですが、一般の人でも購入可能です。微細なデザインをも取得できる高解像度イメージスキャナで得た紙幣画像は、出力機器さえ選べば再現できることもわかりました。

## 四、偽札の作り方　素人編

パソコンやカラーインクジェットプリンタ、イメージスキャナを使えばプロの技術を持たなくても偽札を作ることは可能です。もちろん素人ですから印刷のノウハウなどはありませんが、最新のパソコンと周辺機器が人の技量不足を補ってくれます。

素人でも作れる偽札には「人を騙す偽札」と「機械を騙す偽札」があります。「人を騙す偽札」は、見た目にそっくりに作られた偽札のこと。でも、素人の出来栄えは決してそっくりではありません。その理由を簡単にお教えしましょう。

素人が作る偽札の殆どは、イメージスキャナで取り込まれた紙幣画像をそのままカラーインクジェットプリンタに出力したものです。紙幣の大きさや色合いが似ているだけの偽札で決して複製品としての完成度としては高くありません。素人が作る「人を騙す偽札」はどれも全体に赤みがかっている特徴がありま す。これはイメージスキャナで取り込まれた画像を何ら補正することなく印刷してしまうからです。本来ならばイメージスキャナで取り入れた画像の色とプリンタで印刷するときの色をしっかりカラーマネージメントで管理調整しなくてはいけません。プロの世界では当たり前のカラーマネージメントですが、素人にはわかりにくい技術のようで、どうしても偽札は赤みがかってしまいます。

またイメージスキャナで取り込まれた画像には、すかしがありません。そのまま印刷してもすかしは再現できませんから、光にかざしてみれば肖像が浮かび上がることもなく偽札であることはすぐに分かってしまいます。でも回避策もあります。イメージスキャナで画像を取り込む際にすかし部分だけに強めの光を照らすと、イメージスキャナにはすかしが写り込んでしまいます。実際に実験を試みるなら、イメージスキャナの蓋は閉めず、紙幣の上に懐中電灯やスポットライトで強めの光をあてておき、その状態でイメージスキャナを動作させます。肖像がうっすらと浮かび上がった状態を画像化することができます。もちろん本来のすかしではありませんから、印刷すればすかしのような模様を印刷することになります。光にかざさなくても模様が見える不自然さはあります。

さらに素人は、紙質もこだわりません。カラーインクジェットプリンタを使い市販されているコピー用紙に印刷をしてしまいます。コピー用紙は手触りもツルツル。和紙を使っている紙幣とは厚みも違うので触るだけですぐに偽物だとわかります。見た目にそっくりでも似て非なるものでは偽札の役目は果たしませんが、ちょっとした一手間で素人の偽札をワンランク高める方法があります。

こんな経験はありませんか？　銀行のＡＴＭ（現金自動預け払い機）で普段は使い古された紙幣ばかり出てくるのに、何かのタイミングでピン札がでてきます。ピン札は手に取るまでもなく折り目もシワも無くとても綺麗です。新しい紙幣は二枚重なっていないかをチェックするのに手間取るほど折り目もシワもありません。貧乏性の著者は財布にしまうことで折り目がつくのがもったいないと思うほどです。つまり、折り目の無い紙幣は極端に珍しく、綺麗な紙幣よりも時間と共に汚れや折り目のある劣化した紙幣のほうが見慣れているということです。

この点を逆に利用すると偽札としての完成度も少しだけ高くなることも分かっています。赤みがかったコピー用紙の偽札は、一度ぐちゃぐちゃにしてから綺麗にのばします。できるだけ折り目のないように丹念についた折り目を平らにします。紙のコシをなくすくらいの気持ちです。さらに四つ折り、二つ折りを繰り返します。紙への劣化を早める一手間がポイントです。プラモデルの世界では「よごれをつける」、美術工芸品では「時代をつける」といいますが、まさに劣化を再現する作業です。図12は、劣化を模したコピー用紙です。

著者は、指先の感触だけでどれだけ真贋判定ができるのか実験したことがあります。さわってもらったのは、サイズや厚みが同じで、劣化をつけた白紙と本物の紙幣。実験の結果、本物の紙幣と白紙の違いを言い当てたのは半分でしたが、当てた人ですら半信半疑だったのを覚えています。

特に日本人の場合、しっかりした情報の元で真贋比較するのではなく、なんとなくの感覚で受け取っていることが問題です。多少赤みがかった偽札でも手触りが似ているなら本物の紙幣と判断してしまうことがあります。平和な日本のこと、紙幣を神聖視しているだけでなく、多くの日本人はお客様を疑うような態度はとれないのです。偽札に対する危機感のない日本人こそが偽札の罠にはまってしまうと言ってもいいでしょう。

「機械を騙す偽札」は、自動販売機や両替機の中で紙幣の種類や真贋をチェックする紙幣識別機を騙すために作られる偽札です。見た目の出来栄えは関係なく、識別機を騙すことさえできれば、どのようなものでもいいのです。ポイントは人が受け取るのではなく機械が受け付けるという点です。

紙幣識別機として最もレベルが低かった時代の頃、「機械を騙す偽札」は偽札の形態をとっていませんでした。なんと、紙幣と同じサイズの白紙に八ミリビデオ用の磁気テープが糊付けされていました(もちろん現在はそのような低レベルな事では騙せません)。先にも書きましたが、この意味するところは機械を騙すのは見た目ではないという事、何らかの条件が本物の紙幣と一致または類似していることが判断基準になっているということです。

「機械を騙す偽札」の作り方を説明する前に殆どの人が経験している事を確認してみましょう。自動販売

［図 12］折り目の付いたコピー用紙は、まるで紙幣のような手触りになった。

［図 13］十数台の自動販売機や駅の券売機で試したが一度も使えたことがない本物の紙幣。

機や券売機を利用していると、本物の紙幣であっても戻ってくるということがあります。何度入れても戻ってくる。紙幣の入れ方を変えるために前後を入れ替えたり表裏を変えてみたりする。どうしても受け付けてくれないときは仕方なくお財布から別の紙幣と交換する。紙幣だけでなく硬貨でも同じようなことが起きます。いかがでしょう、皆さんも一度は経験したことがありませんか？

図13は、本物の千円札ですが自動販売機で使えたことはありません。

よく見ると少々汚いし折り目やシワも沢山あります。本物の紙幣なのに汚れやシワがあると紙幣識別機は受け付けてくれませんでした。紙幣識別機は、自身に設定したルールの中で紙幣を判定しているのですが、そのルールは次の二つしかありません。第一は柄、第二は磁気です。

本物なのに自動販売機で使えないこの千円札は、他の千円札と比べ柄か磁気に何らかの差異があったことになります。

本物でも受け付けてもらえない、このことは紙幣識別機が本物として認識している許容範囲がとても狭いことを意味しています。

これをふまえて、第一の柄について説明します。紙幣の柄は光を使ったセンサでチェックします。紙幣に対して光を透過させます。紙幣の反対側には受光部があり光の強弱を電気信号に置き換えます。この手法を用いれば表と裏の柄の重なり具合を光から電気信号に変えることができます。さらにその信号は数値化することもできます。数値化された柄はグラフにすることで、そのグラフの形から紙幣の金種を判断することも可能になります。

重要なのは紙幣の本物としての許容範囲です。本物でも劣化した紙幣は本物と判定してもらえない現在の紙幣識別機は、柄の濃淡の判別が極めてシビアになっていると思われます。

このことから裏と表を印刷する場合は、いい加減な配置では駄目で、本物そっくりに両面を印刷しなくてはいけません。

第二の判定要素として利用されるのが磁気です。日本の紙幣には一部に磁性体が含まれています。磁性体はテープレコーダで使われている磁気ヘッドでその含有率をチェックすることができます。

カラーインクジェットプリンタのインクには磁性体が含まれていないので、前記で説明した「人を騙す偽札」では自動販売機をスルーさせることはできません。磁性体が入ったインクなど入手できそうもないですが、回避策は簡単でした。それは複写機などで使われているトナーです。トナーは磁性体で、複写機は静電気でトナーをドラムに付着させコピー用紙に転写します。この白黒複写機を使えば磁性体を再現することができます。

これから紹介する「機械を騙す偽札」はD券、夏目漱石の千円札で使われた手法です。用意するのはパソコンとカラーインクジェットプリンタとイメージスキャナ、白黒の複写機とA4サイズの透明なOHPシートです。

まずはOHPシートに本物の千円札を貼り付けます。図14のように正確に中央へ貼ることが重要です。OHPシートの中央に貼り付けるのは、表と裏の柄を正確にスキャンさせるのが目的で位置ずれ防止のため。A4サイズのOHPシートは二百九十七ミリ×二百十ミリ、千円札のサイズは百五十ミリ×七十六ミリ、それぞれ中央になるようにマークをつけて貼り付けておきます。

千円札を貼り付けたOHPシートをイメージスキャナにセットし、A4サイズのまま読み取り画像ファイルとして表と裏の二ファイルを保存します。

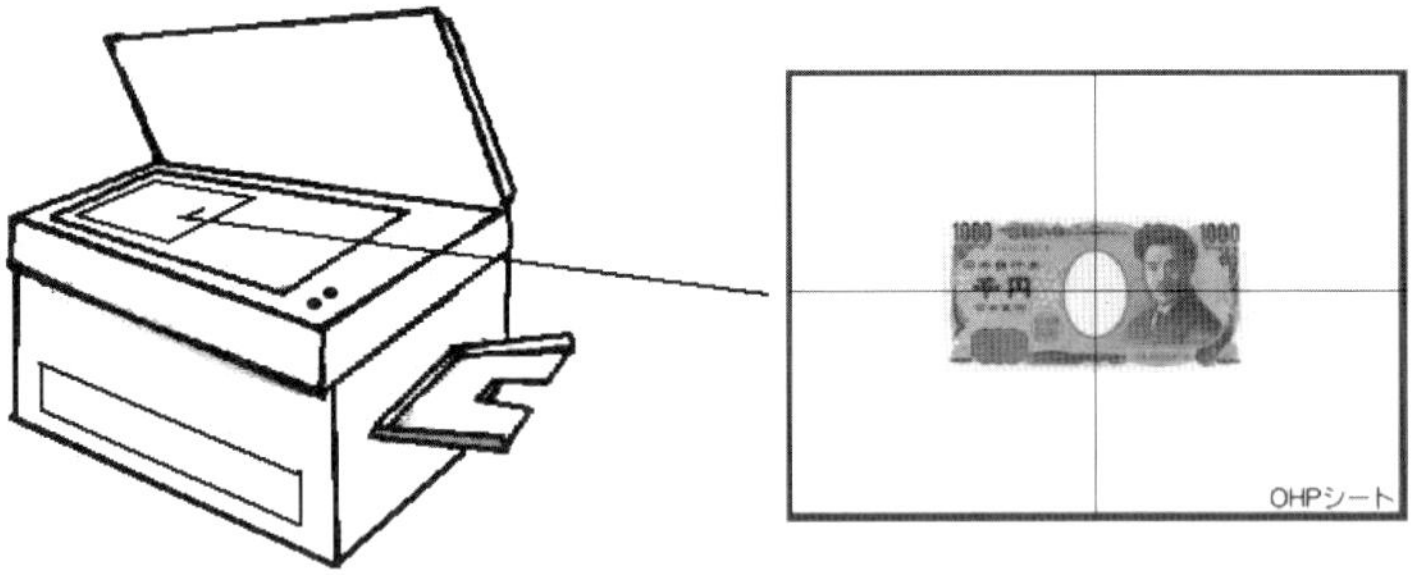


［図 14］両面コピーは表と裏が出来るだけずれがないようにするのがポイント。そのためには A4 サイズの OHPシート中央に紙幣を貼り付ける。

こんどはそのＯＨＰシートを白黒複写機にセットして両面印刷をしておきます。この時、白黒コピーの濃さは極めて薄く調整しておくのがコツです。コピーされた紙にかすかに千円札の柄が見える程度で、かすれているくらいが丁度いいところです。

両面に白黒複写したら、その紙を表にしてカラーインクジェットプリンタにセットします。先ほどＡ４サイズのまま保存した表の画像ファイルを読み出してカラープリントします。同様に裏もプリントすれば「機械を騙す偽札」のできあがりです。

付け加えるならば、できるだけ紙幣の厚みに近い紙を選べば自動販売機がスルーしやすくなります。一昔前の紙幣はこのようにして偽札を作り自動販売機や両替機をハッキングしていました。

ちなみに、現在流通している野口英世のＥ券ではこの手法は使えませんので、マネをしても無駄です。但し、原理に変わりはありません、詳細は、「第四章、本物と偽札の比較」の「二、機械を騙す偽札」をお読みください。

# 第二章　紙幣とは　紙幣の特徴を知る

## 一、外国紙幣とは

世界中どの国へ行ってもあるのが紙幣です。二百五十五の国で百六十五種類の通貨が使われています。紙幣は国を象徴するもので、その絵柄には国を代表する人物や歴史的建造物、動物などが描かれています（ユーロ紙幣に限っては、欧州連合加盟国が共通して使う関係から、図案の建物は各所旧跡を連想しやすくしてあっても、架空であり実在はしない建造物です）。

新旧入れ替え時期にその国を訪れると同じ額面の紙幣を手にすることもできますが、例えば香港などは三つの銀行が異なったデザインの紙幣を発行していて、合計六種類も同額紙幣を手にすることになります。見慣れない紙幣には興味をもつ瞬間もありますが、六種類もあると真贋を見極めることなどできません。クレジットカードを利用すれば偽札のトラブルには巻き込まれずに済みますが、それでも小額紙幣は財布に入れることになります。自衛する気持ちは必要で、最小限の真贋判定情報が必要です。

では、どのようにすれば偽札被害に遭わずに済むのでしょうか。まず、外国へ行く前には現金の準備で日本円と外国紙幣を交換しますが、このときじっくりと時間をかけて観察することにしましょう。現地での両替、つり札として受け取る紙幣は絶対安全との保証はありません。むしろ疑うくらいで丁度いいと思います。そこで、日本国内で入手した紙幣が本物であるとの前提で、これを見本とし現地の紙幣を比較してください。

これから紹介する外国紙幣は、平成二二年一月現在、国内両替商で人気の高かった紙幣上位十一種類です。紹介する金種は海外旅行時に両替しやすく手にしやすい小額紙幣を選定しました。

なお、真贋要素になるポイントとしてわかりやすい凹版印刷とすかしの場所を示します。その他偽札防止技術については「四、偽札防止技術」で詳しく説明します。

### (1) アメリカ合衆国ドル

アメリカのドル紙幣は偽札が頻繁に出回るので一九九六年に肖像画が大きくなるデザイン変更がありましたが改版の効果もなく偽札が減らないため、シリーズ二〇〇四として十ドル、二十ドル、五十ドル、さらにシリーズ二〇〇六が発券され、このとき五ドル紙幣もデザインが変更になりました。

アメリカ合衆国ドル紙幣の種類……一ドル（表……ジョージ・ワシントン、裏……国旗）、二ドル（表……トーマス・ジェファーソン、裏……独立宣言署名）、五ドル（表……エイブラハム・リンカーン、裏……リンカーンメモリアル）、十ドル（表……アレキサンダー・ハミルトン、裏……財務省）、二十ドル（アンドリュー・ジャクソン、裏……ホワイトハウス）、五十ドル（表……ユリシーズ・S・グラント、裏……連邦議会議事堂）、百ドル（表……ベンジャミン・フランクリン、裏……独立記念館）。

なお二ドル紙幣独立二百年記念として発行されましたが現在は殆ど流通していません。

紹介紙幣……シリーズ二〇〇六、十ドル（図1・2）

### (2) ユーロ、欧州連合で用いられている共通通貨

西暦二〇〇二年一月一日からヨーロッパ二十二か国で使用されています。新しい紙幣であるだけに、多くの偽札防止技術を身に纏っています。偽札犯罪者へは雁字搦めに思え効果も期待できる紙幣ですが、その一方、デザイン的には失敗で風格などの重みや美的要素も無く歴史観も主権も感じられません。さらに残念なのは、発券直後に偽札が発見されたことで現在でも約十五万枚の偽札が流通しています。

［図1・2］わかりやすい真贋凹版ポイント……紙幣全体でインクの盛り上がりを感じることができるが、特に表面右上にある THE UNITED STATES OF AMERICA をチェックするとよい。

紙幣の種類……五ユーロ（古典）、十ユーロ（ロマネスク）、二十ユーロ（ゴシック）、五十ユーロ（ルネサンス）、百ユーロ（バロック・ロココ）、二百ユーロ（アール・ヌーヴォー）、五百ユーロ（現代）。

紹介紙幣……シリーズ二〇〇二、五ユーロ（図3・4）

### (3) UKポンド、イギリスの通貨

イングランド及びウェールズの紙幣はイングランド銀行、スコットランドのスコットランド銀行、北アイルランドのアイルランド銀行、ジブラルタル、フォークランドでも独自紙幣を発行していますが、ここでは法定通貨である二〇〇五年七月に発行されたイングランド銀行の紙幣を紹介します。
紙幣の種類……表の肖像は何れもエリザベス女王。五ポンド（エリザベス・フライ）、十ポンド（チャールズ・ダーウィン）、二十ポンド（エドワード・エルガー）、五十ポンド（ジョン・フーブロン）、
紹介紙幣……五ポンド（図5・6）

### (4) オーストラリア・ドル、オーストラリア連邦で用いられる通貨

オーストラリア準備銀行が発行する紙幣は何れも紙でなくポリマーシート（プラスチックシート）が使われています。折り目もシワもつきにくいので流通期間も長く紙の数倍と長寿命です。

紙幣の種類……五ドル（表……ヘンリー・パークス、裏……キャサリン・ヘレン・スペンス）、十ドル（表……バンジョー・パターソン、裏……ダム・マリー・ギルモア）、二十ドル（表……マリー・ライビー、裏……ジョン・フリン）、五十ドル（表……デイビッド・ユナイポン、裏……エディス・カーワン）、百ドル（表……ネリー・メルバ、裏……ジョン・モナシュ）。

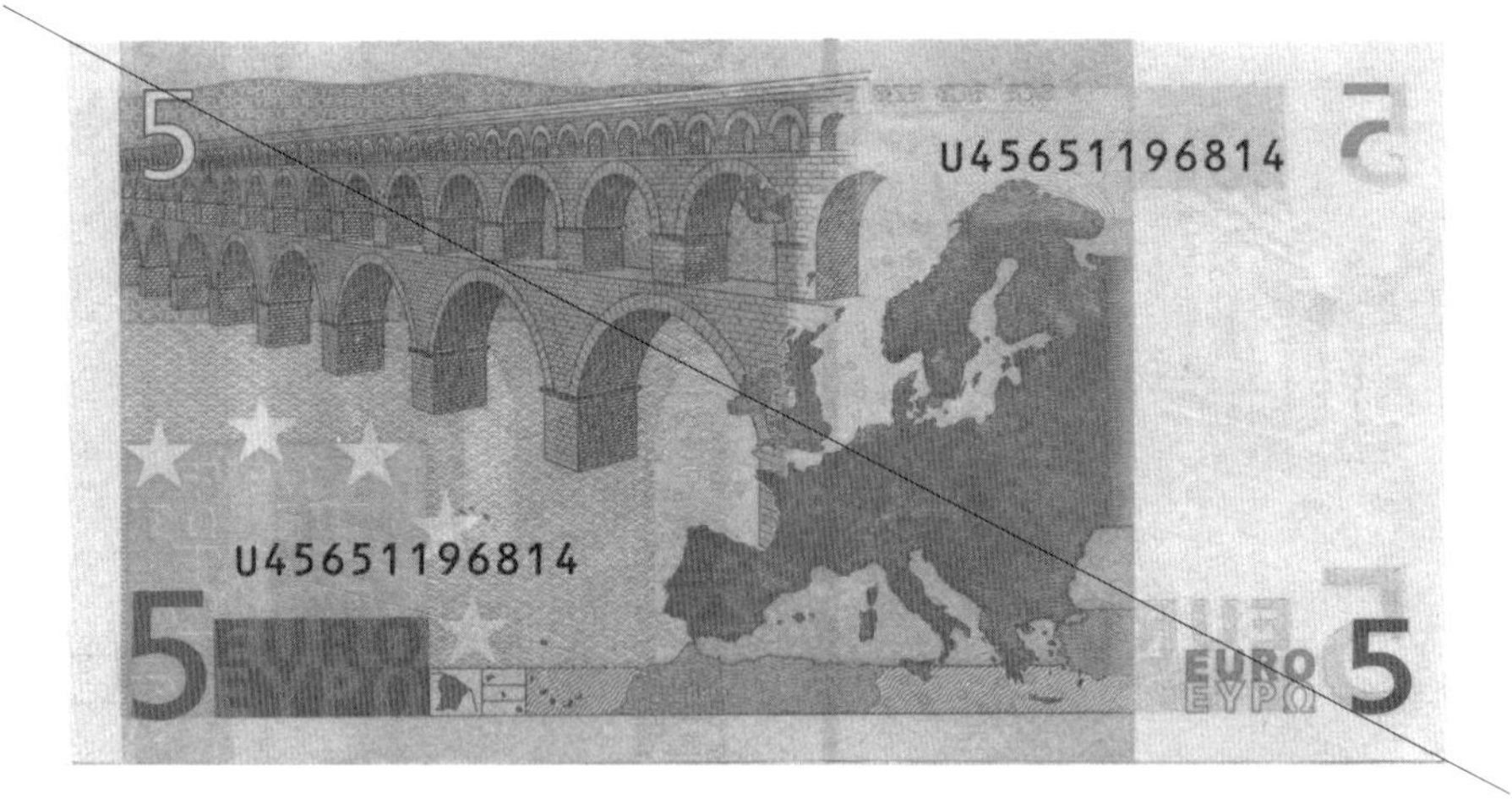


［図3・4］わかりやすい真贋凹版ポイント……表面左下にある5EUROを指で触るとインクの盛り上がりを感じることができる。

［図５・６］わかりやすい真贋凹版ポイント……表面上部にあるBank of Englandを指で触るとインクの盛り上がりを感じることができる。

注意……現在五ドル紙幣は新旧二種類が流通し、一九九五年発行の肖像画エリザベス二世と二〇〇一年発行のヘンリー・パークスがあります。

紹介紙幣……一九九五年発行の五ドル（表……エリザベス2世、裏……豪州国会議事堂、図7・8）

### (5) スイスフラン、スイスとリヒテンシュタイン、イタリアの飛地カンピョーネ・ディターリア、ドイツの飛地ビューシンゲンで使われている通貨

繰り返し改版が重ねられているので、少々チェックを怠るとガラリとモデルチェンジしていることがある紙幣です。現在は一九九六年～一九九八年にかけて発行された紙幣が流通していますが二〇一〇年には改版される予定です。

紙幣の種類……十フラン（表……ル・コルビュジエ、裏……高等裁判所）、二十フラン（表……アルテュール・オネゲル、裏……機関車）、五十フラン（表……ゾフィー・トイバー＝アルプ、裏……レリーフとテテ・ダダ）、百フラン（表……アルベルト・ジャコメッティ、裏……ロタールと歩く人）、二百フラン（表……シャルル・フェルディナン・ラミュ、裏……山と湖）、千フラン（表……ヤーコプ・ブルクハルト、裏……古代建築ルネサンス）。

紹介紙幣……十フラン（図9・10）

### (6) 香港ドル、中華人民共和国香港特別行政区の通貨

香港ドルは、香港上海銀行、スタンダードチャータード銀行、中国銀行の三行がそれぞれ異なったデザインの紙幣を発行しています。金種による価値は同じですが、シリーズも新旧二種類が流通していて素人には分かりにくい感があります。十ドル紙幣だけは、香港特別行政区政府発行の政府紙幣でポリマーシー

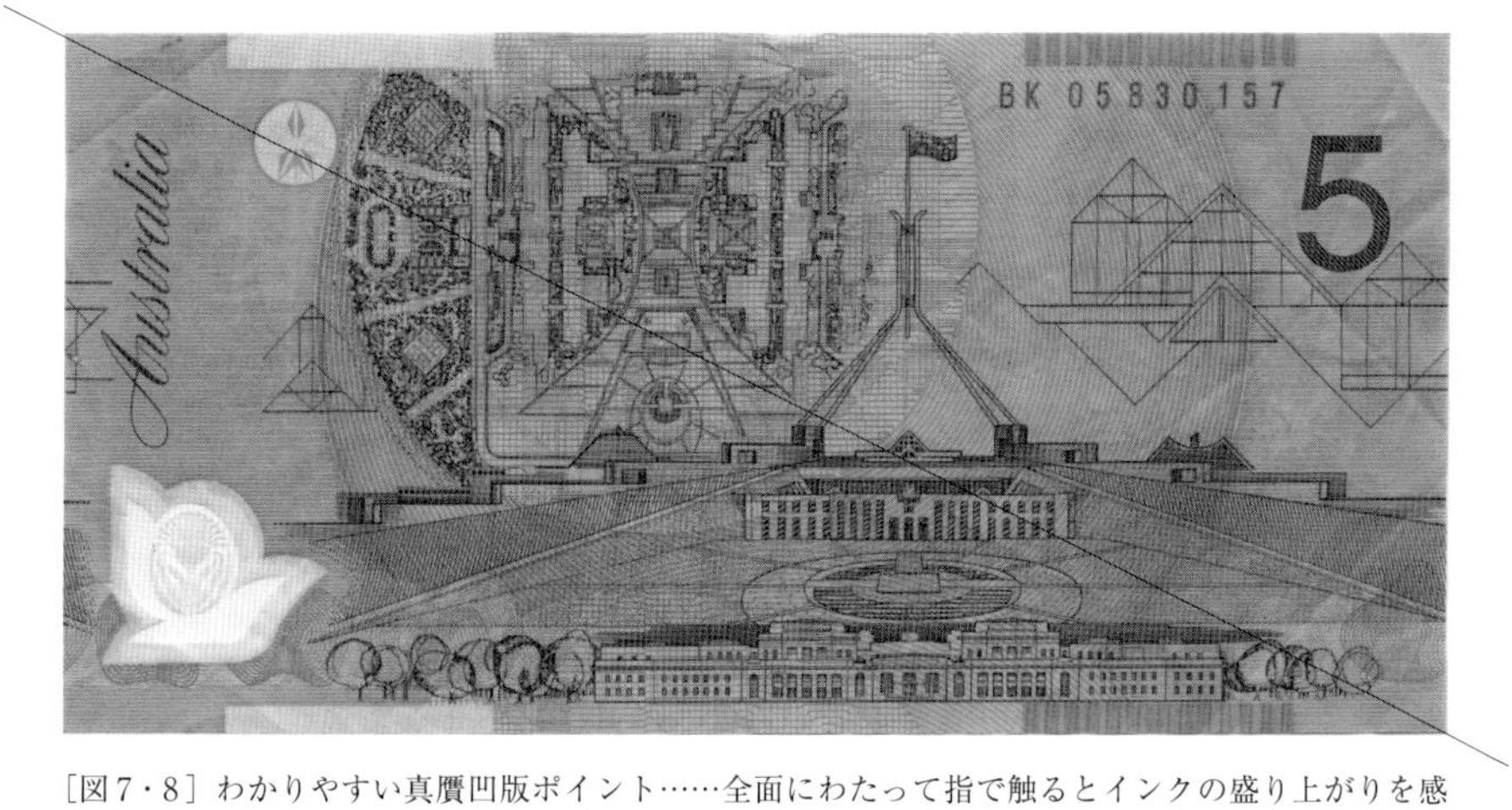


［図7・8］ わかりやすい真贋凹版ポイント……全面にわたって指で触るとインクの盛り上がりを感じることができる。

［図9・10］ わかりやすい真贋凹版ポイント……表面下にあるBANQUE NATIONALE SUISSE、BANCA NAZIONALE SVIZZERAなどを指で触るとインクの盛り上がりを感じることができる。

ト（プラスチックシート）が採用されています。
紙幣の種類……十ドル（紫）、二十ドル（青）、五十ドル（緑）、百ドル（赤）、五百ドル（茶）、千ドル（黄）
紹介紙幣……新二十ドル、香港上海銀行（図11・12）

### (7) 大韓民国ウォン、大韓民国の通貨

ウォンは北朝鮮と韓国で使われる通貨単位ですが、大韓民国ウォン、朝鮮民主主義人民共和国ウォンともに紙幣デザインも価値も異なります。ここでは韓国の韓国銀行が発行する紙幣を紹介します。

紙幣の種類……千ウォン（表……退渓李滉、裏……渓上静居図）、五千ウォン（表……栗谷李珥、裏……草虫図）、一万ウォン（表……世宗大王、裏……天球儀・天体望遠鏡）、五万ウォン（表……申師任堂、裏……月梅図と風竹図）。

紹介紙幣……一万ウォン（図13・14）

### (8) 人民元、中華人民共和国の通貨

平成二二年現在、新旧二種類の紙幣が流通しています。旧シリーズは九種類、新シリーズは一九九九年六月発行で六種類、改版もすすみ二〇〇四年が最新のシリーズです。

偽札大国上位ランクに入るのが中国、本物の紙幣同様に流通しています。特に小額紙幣はスーパーマーケットや深夜のタクシーなどでつり銭として手にしてしまうことがあるので、十分に注意したい紙幣です。

紙幣の種類……一元（表……毛沢東、裏……人民大会堂）、五元（表……毛沢東、裏……チベット・ラサのポタラ宮）、十元（表……毛沢東、裏……桂林の漓江）、二十元（表……毛沢東、裏……長江三峡）、五十元（表……

［図11・12］わかりやすい真贋凹版ポイント……随所に凹版印刷が採用されているので、どこを触ってもインクの盛り上がりを感じることができるが、表面の中央の「港幣貳拾元」や「TWENTY」が比較的わかりやすい。

［図 13・14］ わかりやすい真贋凹版ポイント……表面左下にある「10000」、表面右にある目の不自由な人用の点などを指で触るとインクの盛り上がりを感じることができる。全体的に盛り上がりがあまいので普通の紙と比較をするとよい。

毛沢東、裏……山東省の泰山)、百元(表……毛沢東、裏……杭州西湖)

紹介紙幣……百元(図15・16)

### (9) シンガポール・ドル、シンガポール共和国の通貨

二〇〇四年よりポリマーシート(プラスチックシート)が使われ、全金種共通で表の肖像は初代大統領のユソフ・ビン・イサークがデザインされています。裏は教育、庭園、スポーツ、芸術、青年、政府、科学などのテーマがあり、それぞれデザインされています。

紙幣の種類……二ドル(裏……ラッフルズ専門学校)、五ドル(裏……庭園、国花)、十ドル(裏……ジョギング、サッカー、テニス、ヨット、水泳)、五十ドル(裏……楽器、絵)、百ドル(裏……赤十字、警察士官学校)、千ドル(裏……議事堂・官邸・裁判所)、一万ドル(裏……研究員、IC、化学構造式)

紹介紙幣……十シンガポール・ドル(図17・18)

### (10) バーツ、タイ王国の通貨

偽札事件の多い国としても有名なのがタイの紙幣。殆どはカラーコピーで複写された粗悪品ですが本物の紙幣も流通過程による劣化で汚れがひどく、深夜においては偽札との見分けがつきにくいので注意が必要です。全金種共通で表の肖像は国王ラーマ九世プーミポン・アドゥンラヤデートがデザインされています。裏面は金種でカラーの違いがあり、小額紙幣から順に茶、緑、青、赤、紫、灰と決まっています。なお、小額紙幣の十バーツは殆ど流通していません。

紙幣の種類……十バーツ(裏……騎上チュラーロンコーン王)、二十バーツ(裏……タークシン王)、五十バー

［図 15・16］わかりやすい真贋凹版ポイント……表面右端に縦に並ぶ湾曲線が十二本あり指で触るとインクの盛り上がりを感じることができる。

［図17・18］わかりやすい真贋凹版ポイント……表面下の「SINGAPORE」やその上にある「TEN DOLLARS」等を指で触るとインクの盛り上がりを感じることができる。

ツ（裏……モンクット王）、百バーツ（裏……ワチラーウット王）、五百バーツ（裏……ナンクラオ王）、千バーツ（裏……プーミポン・アドゥンラヤデート王）。

紹介紙幣……百バーツ（図19・20）

### ⑾　ニュー台湾ドル、台湾（中華民国）の通貨

台湾の中郷銀行が発行するニュー台湾ドルの通貨単位は圓（えん）、台湾円との表現でも通じることがあります。二〇〇五年七月に新シリーズが発行されました。裏面は金種でカラーの違いがあり、少額紙幣から順に赤、緑、茶、青、青紫と決まっています。

紙幣の種類……百圓（表……孫文、裏……中山楼）、二百圓（表……蔣介石、裏……総統府）、五百圓（表……野球、裏……大覇尖山と梅花と鹿）、千圓（表……児童、裏……玉山と帝雉）、二千円百圓（表……電波天文台、裏……南湖大山や松と鮭）

紹介紙幣……千ニュー台湾ドル（図21・22）

紙幣の真贋ポイントは第五章で説明しますが、国内銀行や両替商で入手した最初の紙幣を本物と仮定し比較するのが一番です。見た目で比較するのも重要ですが、なんと言っても手触りが重要です。紙質や凹版印刷の手触りを摸倣するのは難しく、凹版印刷の場所だけでもチェックすれば粗悪な偽札に騙されることないでしょう。万が一それでも偽札被害にあったとすれば、それは交通事故のようなものかもしれません。

政府や中央銀行が発行していますが、印刷技術は民間技術でもあり、偽札事件が発生し規模や被害金額

［図19・20］わかりやすい真贋凹版ポイント……表面左の中央にかなり小さく印刷されているタイ語を指で触ると、微かに盛り上がりを感じることができるが判断は難しく、バーツに限り表面左にあるホログラムをチェックした方が簡単である。

［図 21・22］わかりやすい真贋凹版ポイント……表面左上にある「1000」を指で触るとインクの盛り上がりを感じることができる。

が拡大されるおそれが出ると、紙幣も新しく改版される傾向にあります。海外では古い紙幣にも注意が必要です。

## 二、紙幣の歴史

日本銀行金融研究所貨幣博物館の資料によると、歴史最古の貨幣は紀元前一五〇〇年ごろで、中国が用いた宝貝だそうです。紙幣最古は北宋代（西暦九六〇年～一一二七年）に中国四川地方で発行された交子（こうし）。民間銀行が発行した最初の銀行券は西暦一六六一年、スウェーデンのストックホルム銀行でした。

第一章、「偽札について」でも触れましたが、日本においては慶長五年（西暦一六〇〇年）ごろに山田羽書、江戸時代（西暦一六六一年）ごろになると藩札を発行していました。その後、大判、小判、銀貨、金貨が流通します。藩札は正貨（金貨や銀貨）と引き替えることができましたが、藩の領内で使う場合だけなど厳しい条件もありました。明治維新政府が発行した太政官札は、初めての国内共通で使える紙幣でしたが、政府への信頼は低く藩は引き続き藩札を発行することになります。

明治四年（西暦一八七一年）に明治政府から円の利用が公布されます。印刷技術のなかった日本は翌年ドイツに印刷を依頼し紙幣を発行します。ドイツ製であったことからこれをゲルマン紙幣といいます。当時としては精巧な印刷技術ではありましたが、額面が異なっていてもデザインやサイズが変わらなかったために、偽札も作りやすかったと言われています。

同じ頃、明治政府は民間銀行を国内に百五十三行設立し、同じデザインで銀行名だけを差し替えた銀行券を発行していました。明治一五年（西暦一八八二年）になると日本銀行を設立、民間銀行の紙幣発行は中止され日本銀行に移管されました。なお、それまで発行されていた紙幣には国立銀行と印刷されていますが実際は民営で印刷されたもので、国営ではありません。

昭和一七年（西暦一九四二年）になると管理通貨制度が確立、十円紙幣は日本銀行初の銀行券として登場します。

## 三、紙幣の作り方

意外なことかもしれませんが、多くの国では紙幣の印刷を印刷専門会社が行っています。中央銀行から依託された民間印刷業者は、紙幣を印刷し中央銀行へ納入、中央銀行は民間銀行に貸し付けます。日本では国立印刷局が紙やインクの製造、デザイン、印刷まで全てをこなしていますが世界的に見ると少数派。例えば共産圏である中国でさえ人民銀行傘下の専門業者に委託しています。

国内外に関係なく印刷機は民生品、印刷は凸版、凹版、オフセット、スクリーン、グラビアなどの技法があり何れの印刷技法も古くから存在する一般技術です。技術レベルも大差はなく、日本だから特別に技術レベルが高いということもありません。但し、自動販売機や券売機、両替機など紙幣が扱える機械の設置数が多い日本は、外国と比べて桁違いに流通紙幣が綺麗です。これは紙幣に劣化があると紙幣識別機で本物の紙幣が使えなくなるためで、日銀が一生懸命古い紙幣を回収しています。自動販売機王国である日本ならではの特徴でしょう。

日本紙幣の作り方を工程別に紹介すると、柄などのデザインから始まり彫刻、原版の作成、印刷と検査を経て最後に紙幣サイズに裁断と大きく六つの工程に分かれて印刷作業が行われます。

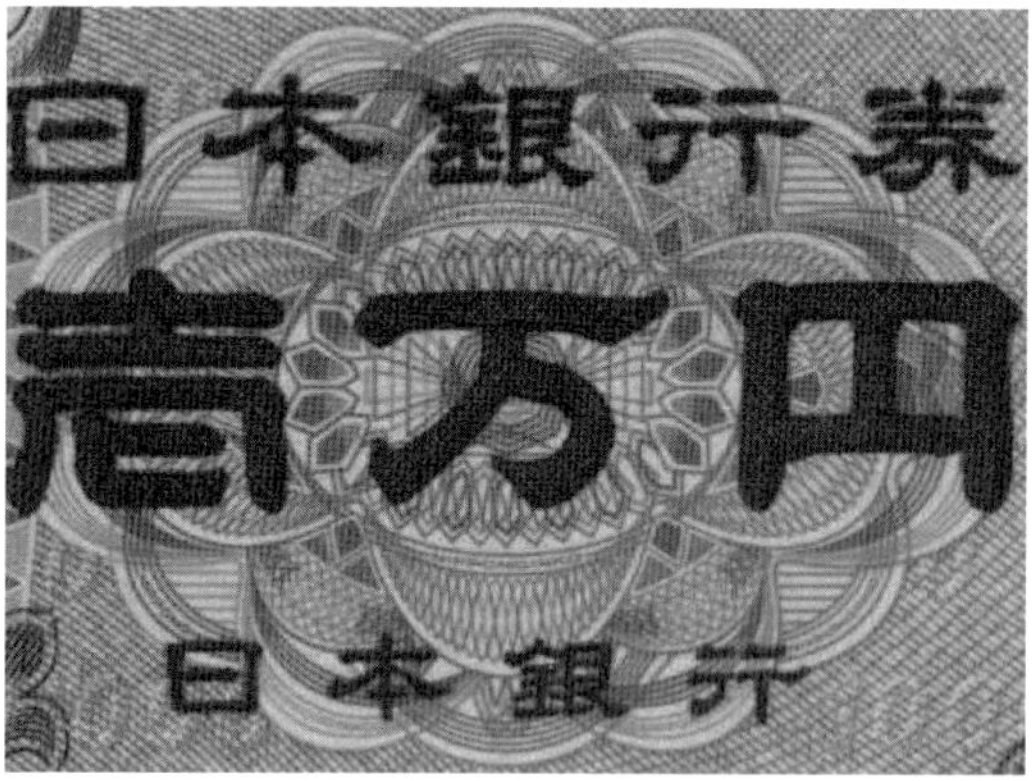


［図23］
微細な模様と色合いが偽造を困難にしている。

**(1) デザイン**

国立印刷局内で作られる紙幣最初の工程はデザインです。紙幣の表と裏のデザインを工芸官と呼ばれる職員が手作業で原案を書いていきます。原案は、下図と呼ばれるデザインを重ね、本図案を作り大臣の許可が得られると次の工程に入ります。

**(2) 彫刻**

デザインの段階で凹版とドライオフセット版（以下オフセット）に分けて原版を作ります。凹版は肖像や額面文字など随所に使われ、オフセットは地紋模様に利用されます。

彫刻は工芸官手作業の箇所も多くあって銅版の表面に彫刻刀で一本ずつ線を掘っていきます。偽造防止に効果があるとされる細密な彩紋模様はコンピュータ制御による彫刻機で掘っています（図23）。

**(3) 原版の作成**

パーツ単位で彫刻された凹版用の銅版は、一つの版にまとめます。紙幣一枚分の版が出来たところで、専用の機械を使って樹脂の版を作ります。樹脂の版は複数用意し並べることで大判ができます。さらにメッキ処理することで、樹脂の周りにニッケルが付着し電鋳版が出来ます。
地紋などは色別に写真撮影しオフセット印刷の版を作ります。

### (4) 印刷

凹版はさらにメッキをかけ、地紋模様の凸版と合わせ印刷機にかけ印刷します。紙幣は凹版を多用するためコストはかかるものの色あせることもなく、また水に強く色落ちしない特徴があります。裏と表が印刷された大判シートに一連番号である記番号をそれぞれの紙幣に印刷します。

### (5) 検査

印刷直後には自動機による印刷検査が行われますが、最終チェックは人間の目に頼ります。専門の職員が汚れやエラーなどを検査。合格した大判シートだけが次の工程に進みます。

### (6) 裁断

印刷後のチェックを重ね、裁断機で大判を紙幣サイズに切断します。繰り返し検査した紙幣の束はポリエチレンシートで梱包し出荷を待ちます。

## 四、偽札防止技術

紙幣を偽造変造されないために印刷には沢山の偽造防止技術が採用されています。ルーペや簡単なＡＶ

機器で確認することの出来る技法が沢山ありますので、真贋判定のポイントとして役立てることができます。但し過信は禁物、最新の偽札紙幣はその殆どを再現するところまで技術が進歩してきました。真贋判定はあくまでも「だろう」程度に考えておくのが良いでしょう。以降チェックすべき項目を紹介します。

### (1) 凹版印刷

紙幣印刷では凹版と呼ばれる凸版とは逆に彫刻された(判に柄を付けた)部分にインクを流し込み印刷していきます。印刷後はインク部分が盛り上がるために指で触るとインクの盛り上がりを感じることができます。特に深凹版印刷と呼ばれる場所は、従来の凹版よりも表面に盛り上がるように印刷されているので指先で触ると簡単にインクの盛り上がりを感じることができます。偽札で再現されることが少なく素人にもわかりやすい真贋ポイントです(図24・25)。

### (2) 識別マーク

目の不自由な人用に採用されたマークで、表面左右下側にあり深凹版印刷同様に真贋ポイントです。図26は左から千円札、二千円札、五千円札、一万円札です。

### (3) すかし

「白すかし」「黒すかし」(専門的には「すき入れ」)の二種の技法があります。紙の厚みを変える事で図柄を表現します(図27)。昭和二二年「すき入れ紙製造取締法」により規制され政府以外で「すかし」を作ることは出来ません。但し、「白すかし」(白すき入れ)は政府発行物以外であれば規制対象外。

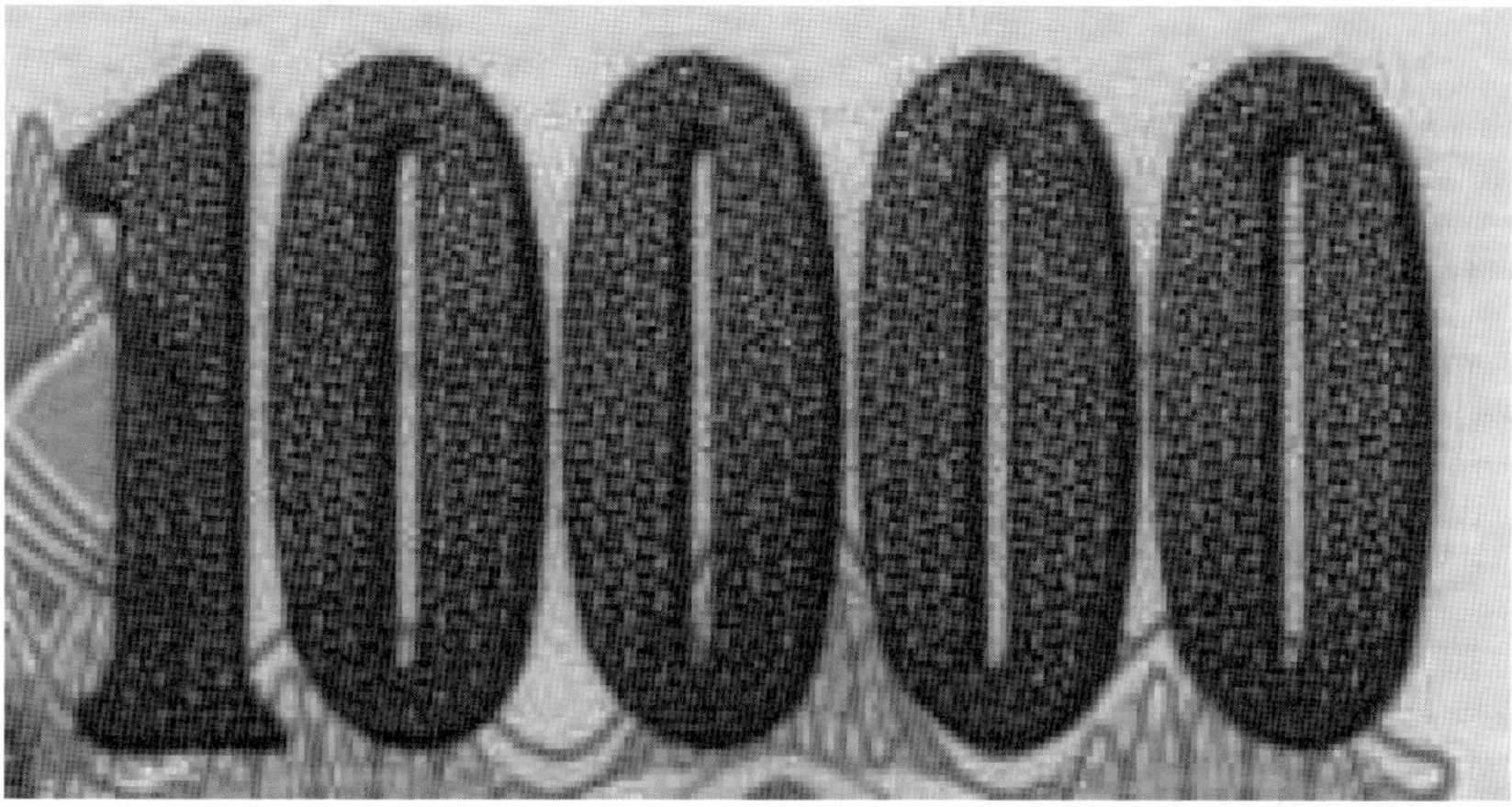

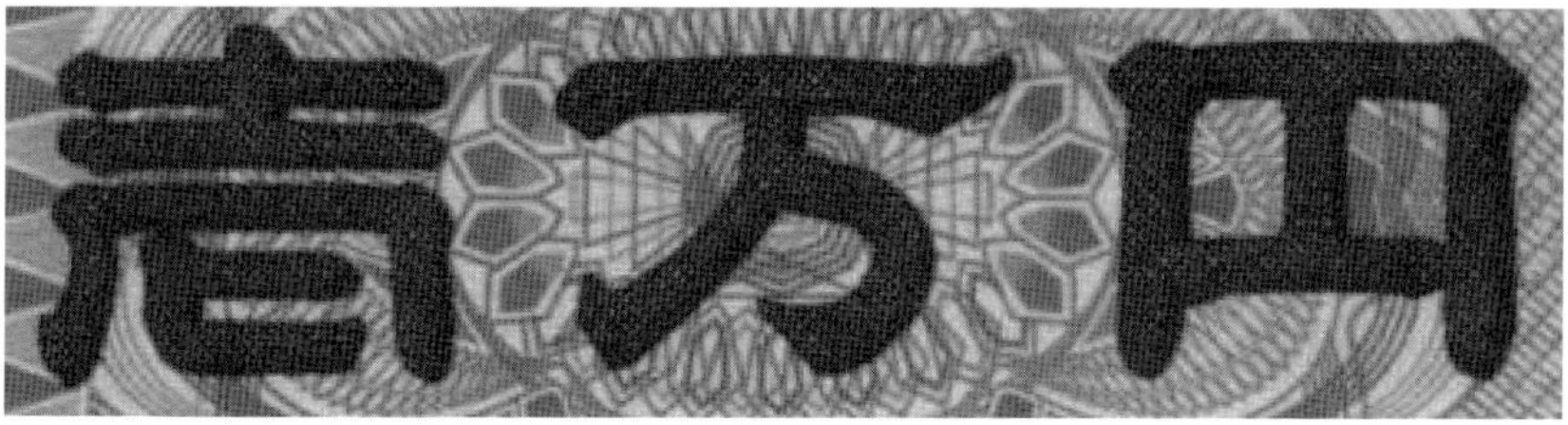

［図 24・25］紙幣の表、左右上部にある「10000」や中央左寄りにある「壱万円」はチェックポイントとして最適で、指で触ればインクの盛り上がりを感じることができる。

### (4) すき入れバーパターン

平成一六年一一月に発行された野口英世、樋口一葉、福沢諭吉のシリーズE券には縦棒のすき入れが表面右側にあります。千円札が一本、五千円札が二本、一万円札が三本と縦棒の数は額面が増えるにつれて縦棒の数も増えていきます（図28）。但し、二千円札にはすき入れバーパターンはなく、五千円札が二本であることを考えると今後二千円札に採用されることはないでしょう。

### (5) 彩紋模様

コンピュータを使った彫刻機で模様を描いています。線と線は細く隣接し、インクも中間色を多用しているので、パソコンなどのカラーインクジェットプリンタでは再現することが困難です（図29）。

### (6) 潜像模様

見る角度を変えると彩紋模様の中に数字と漢字で額面を見ることができます（図30）。

### (7) マイクロ文字

紙幣には肉眼では見えにくい小さな文字がデザインの中に印刷されています。複写機でコピーする文字は再現できません。複写されたマイクロ文字を十倍程度のルーペで見ると文字が線に変わってしまうことから真贋ポイントとして有効です（図31）。

注意：平成五年からのD券で追加された技法で、それ以前の紙幣には採用されていません。

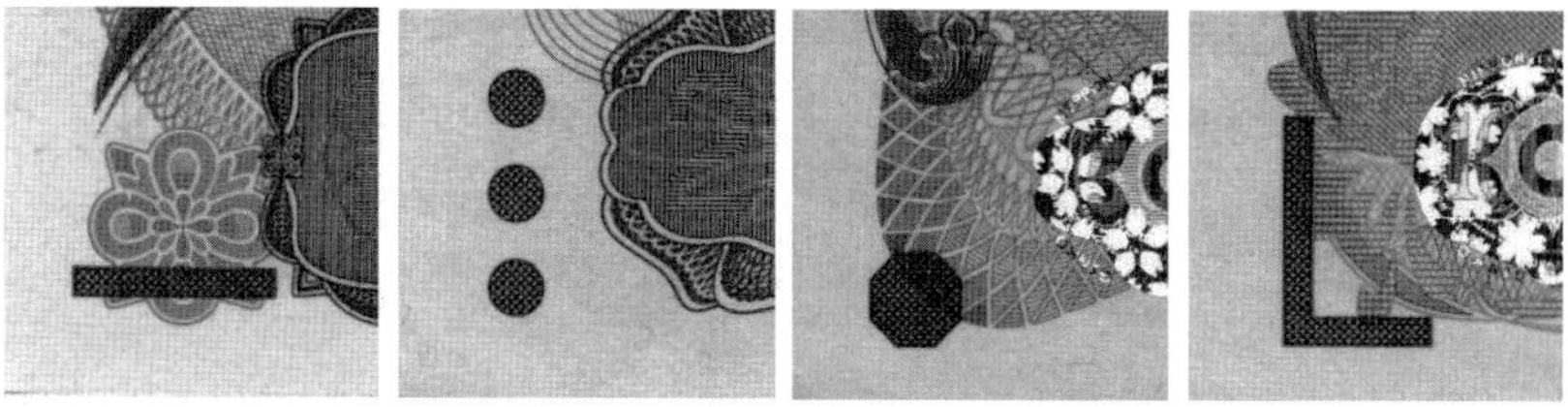

［図 26］識別マークは深凹版で印刷されているので、指で触ればインクの盛り上がりを感じることができる。

［図 27］
最も分かりやすく認知されている真贋ポイント。光にかざせば肖像画が浮かび上がる。

［図 28］すかし同様に光りにかざすと縦棒が浮かび上がる。

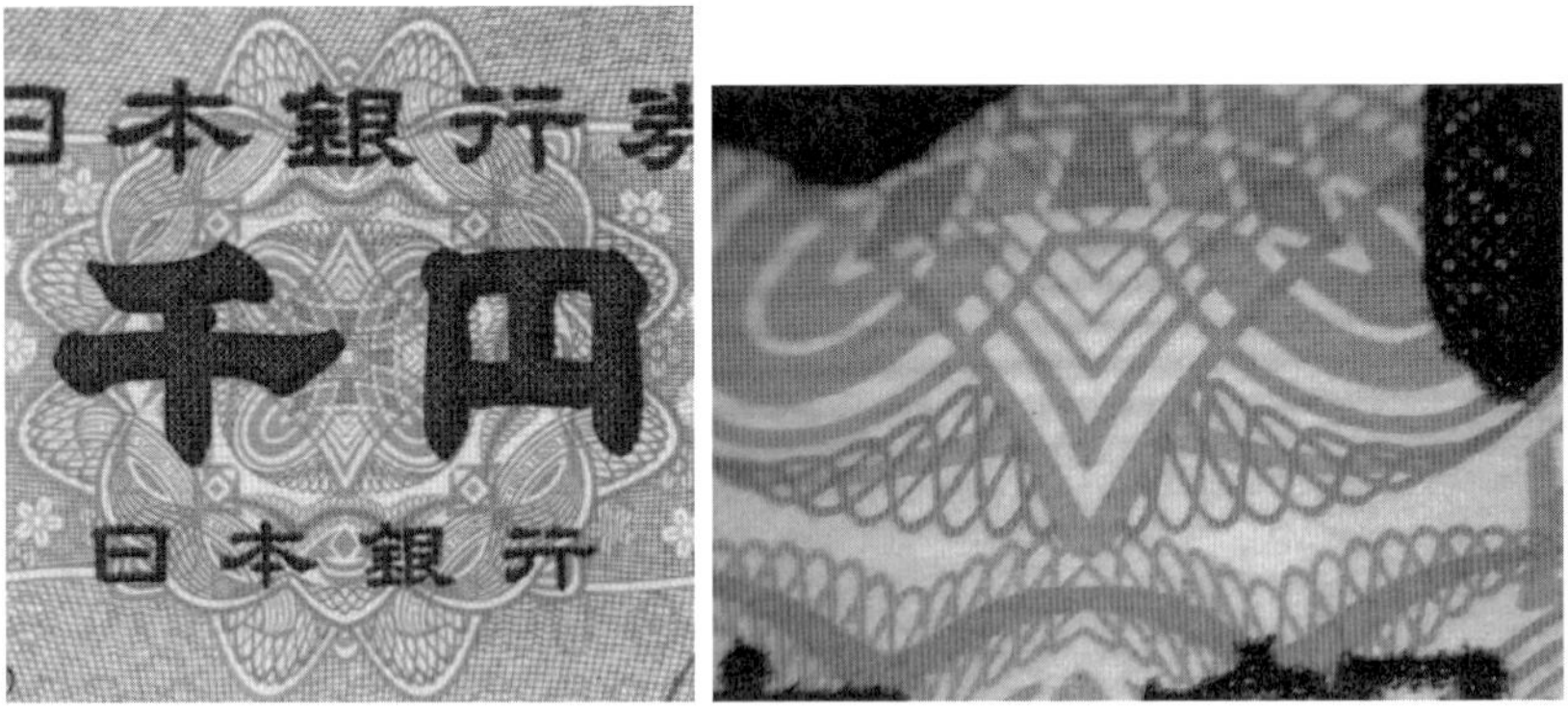


［図 29］左側は千円札表面左側にある額面の下地の彩紋模様、右は彩紋模様クローズアップ（日本銀行の本と銀の上）。

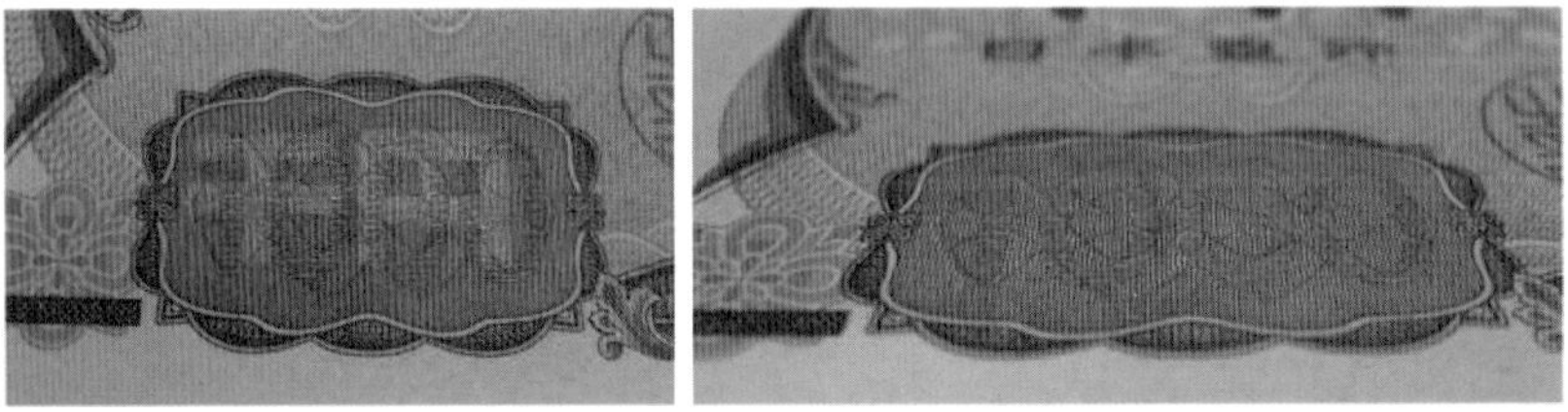

［図 30］千円札表面左下にあるのが潜像模様で、角度を変えて見ると「千円」と「1000」が交互に見えてくる。

［図 31］
千円札の裏面右上にある「YEN」の文字で中に「NIPPON GINKO」と印刷されている。マイクロ文字はいろいろな場所に利用されている。線と思われるところでもルーペで確認すると文字であることに気がつくことが多い。

### (8) 隠し文字

「ニ」「ホ」「ン」の3文字が柄の中に隠されています。十倍程度のルーペで確認することができます。因みに紙幣だけでなく五百円硬貨にも「N」「I」「P」「P」「O」「N」の隠し文字があります（図32）。

### (9) 色合い

ハデな色彩を使わず中間色を多用することでパソコンとカラープリンタ等による安易な複製を防ぎます。仮にカラーインクジェットプリンタやカラーページプリンタを使い色校正なしで印刷すると全体的に赤っぽくなります。また、和紙の紙色がどうしても黄色になって本物の色を再現することはできません（図33）。

### (10) ユーリオン

スキャナや複写機に紙幣であると認識させるための図柄（図34）。複写を試みると機器によっては印刷途中で停止し警告メッセージを表示します。

### (11) 特殊インク印

日本の紙幣には必ず印刷されている朱色の丸印（図35）。これは日本銀行総裁の印章です。特殊なインクで印刷されていて紫外線（ブラックライト）をあてると輝きます。ちなみに裏面は、発券局長の印章です。

注意：平成五年からのD券で追加された技法で、それ以前の紙幣には採用されていません。

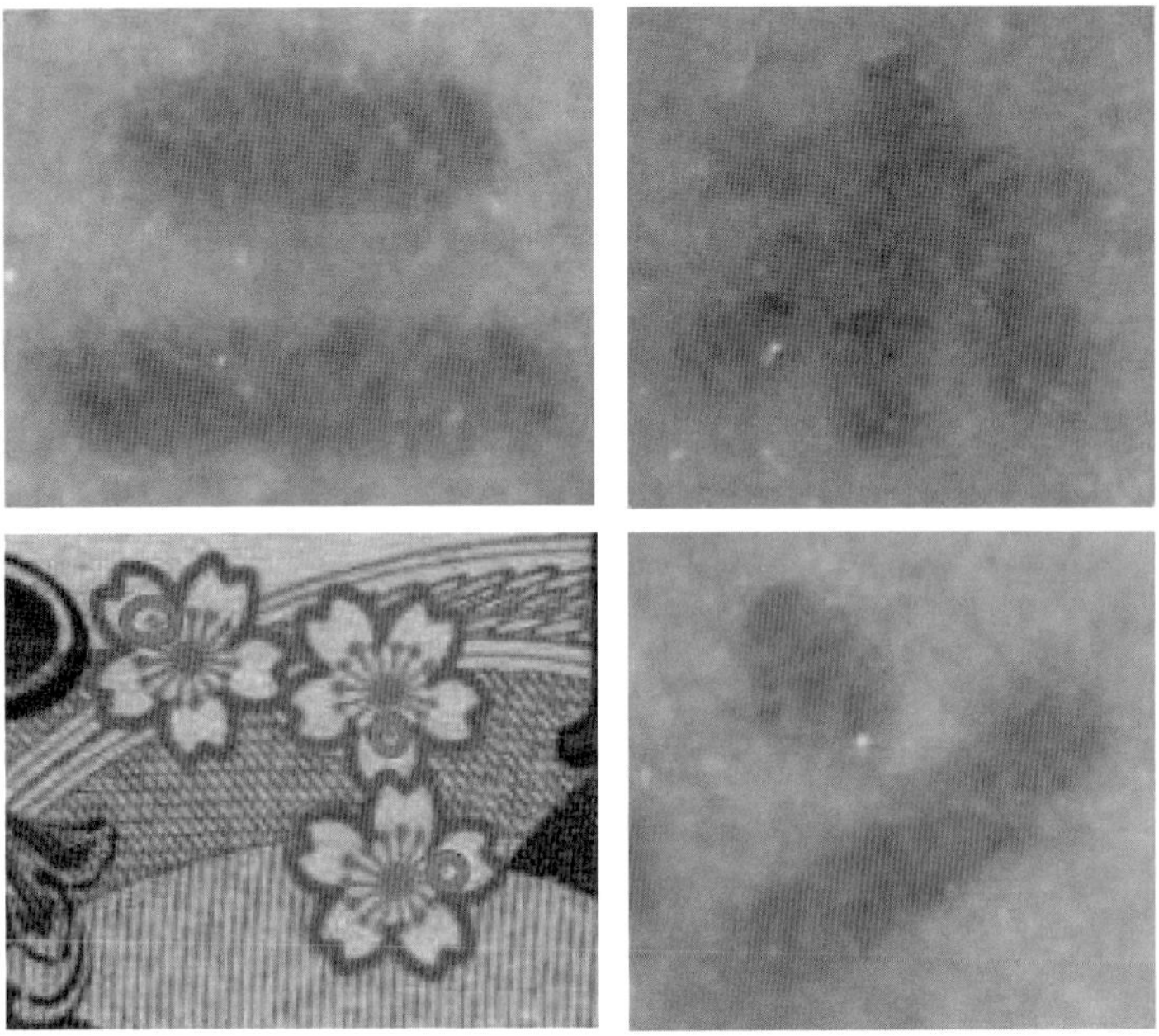

［図 32］ 千円札裏面右上にある桜模様の中に隠された「ニ」「ホ」「ン」の文字。

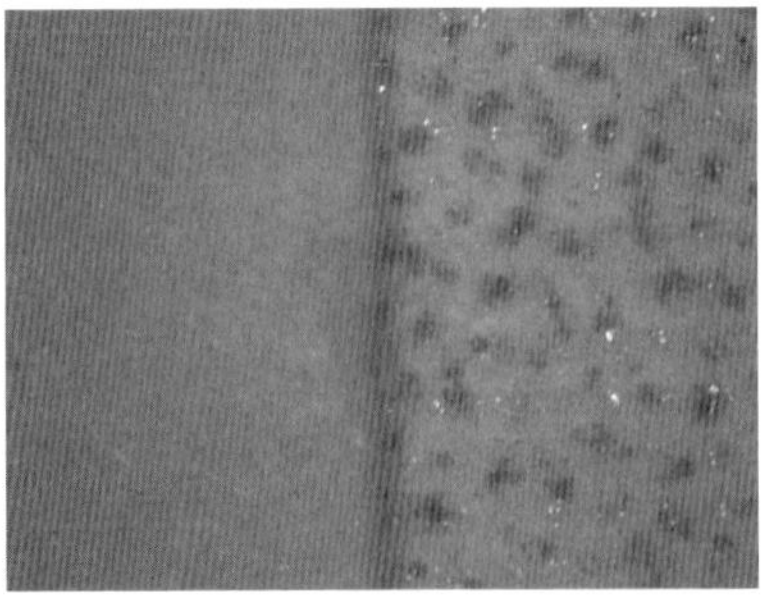

［図 33］ 一万円札の和紙部位。左側は紙幣、右側がカラーインクジェットプリンタの複写。

［図 34］ 丸いデザインがちりばめられている図柄をパターンとして複写機に認識させ紙幣であることを知らせる。

### ⑿ パールインク

平成一二年年七月一九日に発行された二千円札から採用されました。E券の千円札、五千円札、一万円札に採用され光のあたり具合でピンク色が見えます（図36）。

### ⒀ ホログラム

E券の五千円札と一万円札にはホログラムがあります。クレジットカードなどではおなじみの偽造防止技術で光の当たり具合で模様や色がキラキラ光り変化します（図37）。

### ⒁ 二千円札の光学的変化インク

平成一二年七月一九日に発行された二千円札だけに採用されています。図38は表面右上で見る角度で「2000」の色（青緑と紫色）が変化します。

### ⒂ 赤外線反応

紙幣に赤外線をあてて、ムービーカメラに搭載されている「ナイトショット」等のモードにして見ると、図柄の一部が見えなくなります（図39）。

### ⒃ 磁気反応

磁性体が含まれているインクで印刷されている箇所があり、テープレコーダの磁気ヘッドを利用すると磁性体反応をチェックすることができます（図40）。

［図35］ブラックライトをあてると青白く輝く。ブラックライトは、蛍光灯タイプもあり照明器具を売っている家電量販店なら安価に購入できる。

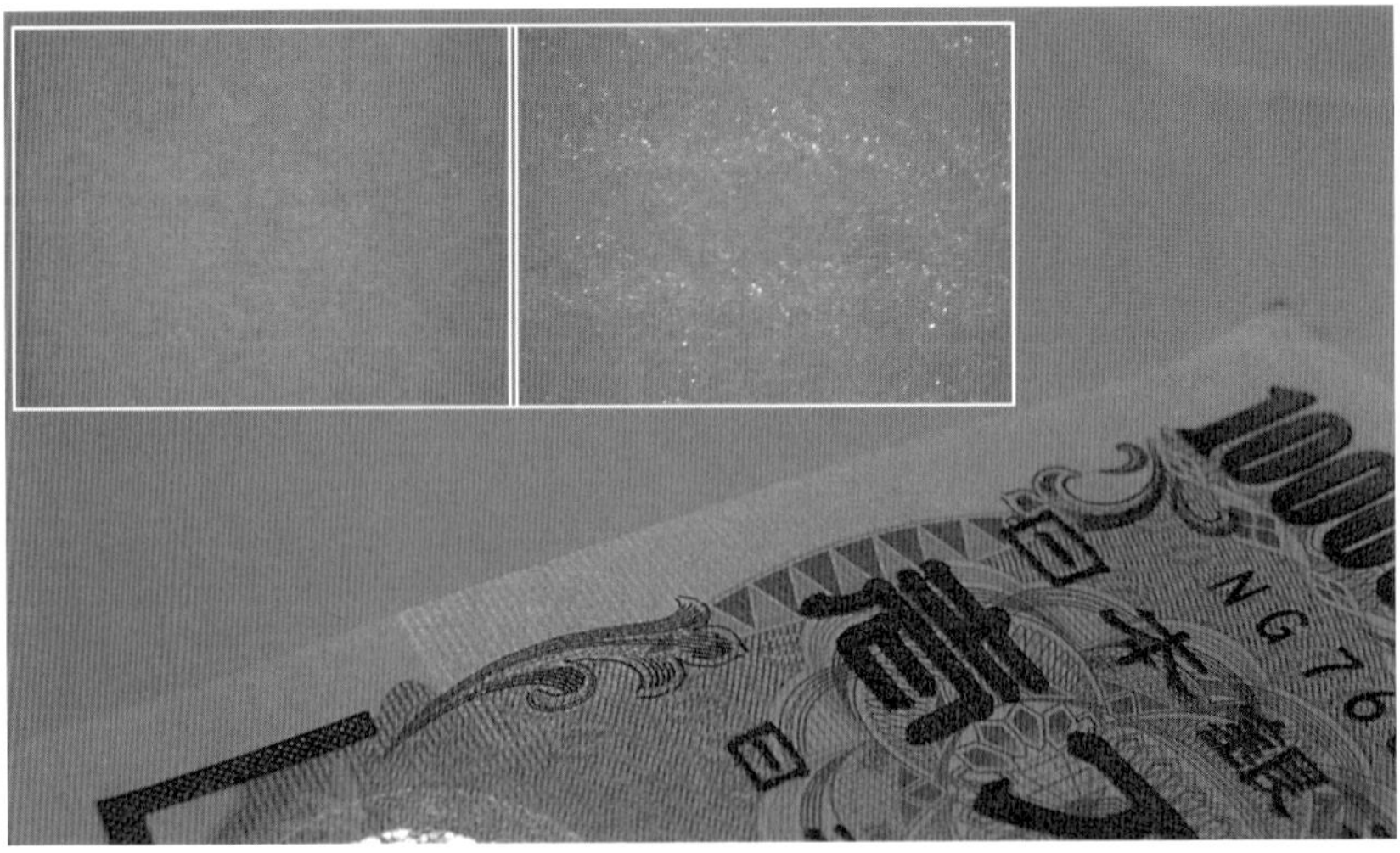

［図36］写真は一万円札の表面紙幣左端にあるパールインク。写真の上部左側はパールインク無しの紙幣、右側はパールインクのクローズアップ。

［図 37］一万円札のホログラムは、見る角度を変えるとホログラムの周囲に、桜の花びら、日銀のマーク、「10000」が見えてくる。またホログラムの輪郭にも小さく「NIPPONGINKO」の文字が隠されている。

［図 38］
D 券の二千円札だけに採用され、E 券では使われることのない偽造防止技術。

［図 39］赤外線センサで見えている図柄である。人間の目とは違うものを見ていることがこれでわかる。

［図40］紙幣識別機や偽札鑑別機には必ず搭載されている磁気ヘッド。パソコンとカラーインクジェットプリンタで作られた偽札には磁気反応がないために、偽札を発見することが可能だ。

［図41］まるで紙をすくときに混じってしまったゴミにも見えるが、実は意図的にすき込んでいる。

## ⒄ 海外紙幣で使われる偽札防止技術

・毛紙

短い毛をすきこんだ紙幣でブラックライトをあてると青白く光り、その存在を確認することができます（図41）。アメリカ・ドルなど多くの国で採用されています。

・セキュリティ・スレッド

安全線とも言い、プラスチック樹脂や金属でできたフィルムを紙幣にすきこんだ帯で、文字やホログラムがプリントされています（図42）。

・ポリマー紙幣

オーストラリアで作られたプラスチック紙幣のことでポリマーなど合成樹脂から作られています。紙とは違い折れやシワに強い特徴があり、すかし部位は紙幣を透過できます（図43）。オーストラリア・ドルやシンガポール・ドルで採用されています。

・合わせ模様

一文字や柄を裏と表で別々の図案として印刷し光にかざして見ると正しい文字や柄に見える手法（図44）。中国・元、タイ・バーツ、韓国・ウォン、オーストラリア・ドルなどで採用されています。

［図 42］
中国の百元で採用されているセキュリティ・スレッドで「¥100」とホログラムプリントされている。

［図 43］
シンガポール・ドルのすかし部位が透明であるために、後ろに置いてある他の紙幣が見えている様子。

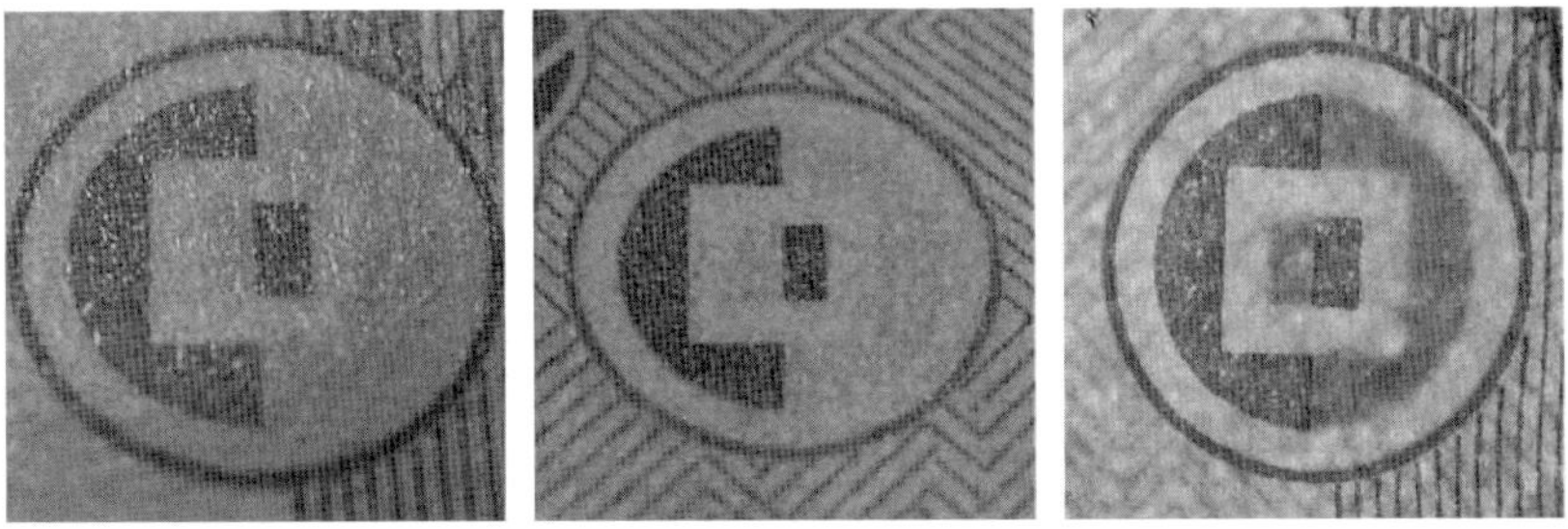

［図 44］写真は中国の百元紙幣の合わせ模様、左から表面左中央、裏面右中央、光を当てて両面を見た様子。

# 第三章　紙幣識別機の構造

## 一、紙幣識別機とはなにか

お金を扱う機械にはいくつか種類があります。例えば硬貨や紙幣の枚数を数える機械を計数機といいます。計数機は低価格なものだと文房具店でも購入可能です。正確に数えられるのは当然ですが、金種ごとに合計を計算し内蔵プリンタで一覧を出すものまであって、パチンコ店やゲームセンターなど、硬貨や紙幣の取扱量が多い場所では便利な存在です。

自動販売機の中にもお金を扱う機械が入っています。硬貨を扱う機械のことをコインメックといい、紙幣を扱う機械のことをビルバリデータといいます。たばこや清涼飲料水を購入するために自動販売機を利用するときには必ず使っている機械ではありますが、硬貨や紙幣を投入した後のことなど意識して利用しているものでもありません。また、コインメックやビルバリデータは自動販売機や両替機内部に組み込まれているユニットなので、一般の人が単体で購入し利用するものでもありません。但し、その動作を知ることは本物の紙幣や偽札の性質を理解することにつながるためしっかり確認しておきましょう。なお、本書では偽札に特化して話を進めているので、ここではビルバリデータだけを紹介していきます。

自動販売機が設置されている場所の多くは、精密機器にとって大敵である砂ホコリが当たり前の路上で雨風にさらされています。夏冬の気候変動だけでなく山から海岸沿いまで、地域に関係なく何処にでも設置できる無人機が自動販売機です。

過酷を強いられる自動販売機の中で休みなく動作しているビルバリデータはお金の受取やつり銭を出す動作において正確に動作するのは当たり前で、常に安定した動作を維持することも要求されています。また頑丈な機械であればいいというものではありません。ビルバリデータは、紙である紙幣を扱うために、強引な動作で紙幣を切るなど紙幣を破損することは許されないのです。そればかりかお金を受け付けないトラブルに見まわれると自動販売機の機能停止を余儀なくされ、売り上げに影響が出てしまいます。

家庭用のプリンタで印刷をしているとき、紙が複数枚巻き込まれてプリンタの中でグチャっとなった経験をお持ちの方も多いでしょう。専門用語でペーパージャムと言います。同じ紙を扱うビルバリデータはプリンタとは違い無人であることが多く、ペーパージャムなどのトラブルは大敵で、絶対と言っていいくらいに発生しない機構が必要になります。

例えば電車の券売機に一万円札を入れつり札が出るときは、スムーズかつ正確に出てきます。折り目やシワがある紙幣が入ってきても不都合なく受け取ります。つり札が出てくる動作を見ているとプリンタで経験したペーパージャムを知っているだけにノウハウが集約されているのだろうと考えさせられます。そのような繊細かつ安定した動作をするユニットがビルバリデータだと理解していただければ良いと思います。

ところで、自動販売機で商品を買うとき紙幣を投入口に入れますが、その裏側の動作について殆どの人は知らないでしょう。実は自動販売機を管理しているお店の人でさえ詳細を知っている人はいません。

理由は簡単、自動販売機設置時には商品の補充やつり銭の取り出し操作をだけを自動販売機メーカの担当営業から教えてもらいます。それ以外についてはビルバリデータ自体がブラックボックス化しているため「お札をチェックしています」とか「ここにお札が貯まります」程度の説明しか担当営業から聞かないためです。もちろん、紙幣識別機のマニュアルなども見せてはもらえません。

投入口から入れた紙幣がどのような決め事で処理され識別しているのか、原理や動作、仕様などを理解することなく自動販売機を管理している人は、ただ入っていた硬貨や紙幣を取り出しては商品を補充しているだけなのです。

自動販売機を管理しているお店の人は、信頼性の高い機械を利用していながら、その情報を持っていないがために「自販機荒らし」や「つり銭詐欺」といった犯罪に巻き込まれることもあるのです。このことについては、第五章の安全神話の崩壊で詳しく書きます。

実際のビルバリデータの外見や中身、動作などを観察するには、ビルバリデータが搭載されている自動販売機を開けて見る必要があります。

## 二、自動販売機を開けてみる

たばこの自動販売機で使われている紙幣識別機を見ることができましたので紹介することにします。まずは自動販売機の外見、最近の自動販売機は、通常の鍵の他にもう一つ鍵がつくワンドアツーロックシステムです（図1）。ツーロックといっても住まいの玄関ドアとは違いシリンダの前に蓋をつけるタイプや、扉に大きなチェーンを付けるなど大胆な施錠方法がとられています。

チェーンが付いている大型の南京錠を取り外すと、鍵付きのドアレバーが埋め込まれています。鍵を差し込むとドアレバーが飛び出してくるので、それを回すと自動販売機の前扉を開くことができます（図2）。扉を開くとタバコなど商品が補充できる仕組みです。前扉は二重になっていて、二枚に分けて開くと前扉の真裏を見ることができます。

扉裏側に用意されたスペースはとても狭く、十センチ程度の幅しかありません。どの機械もまるで薄型のお弁当箱のようにコンパクトにまとめられています。

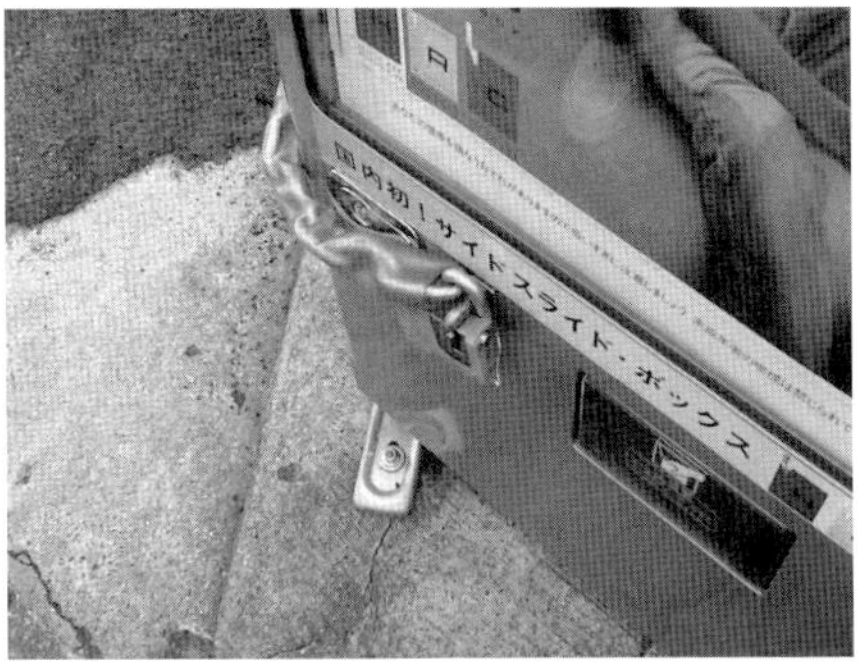


［図１］
これ見よがしな太いチェーンと南京錠で犯罪抑止効果も期待できる。

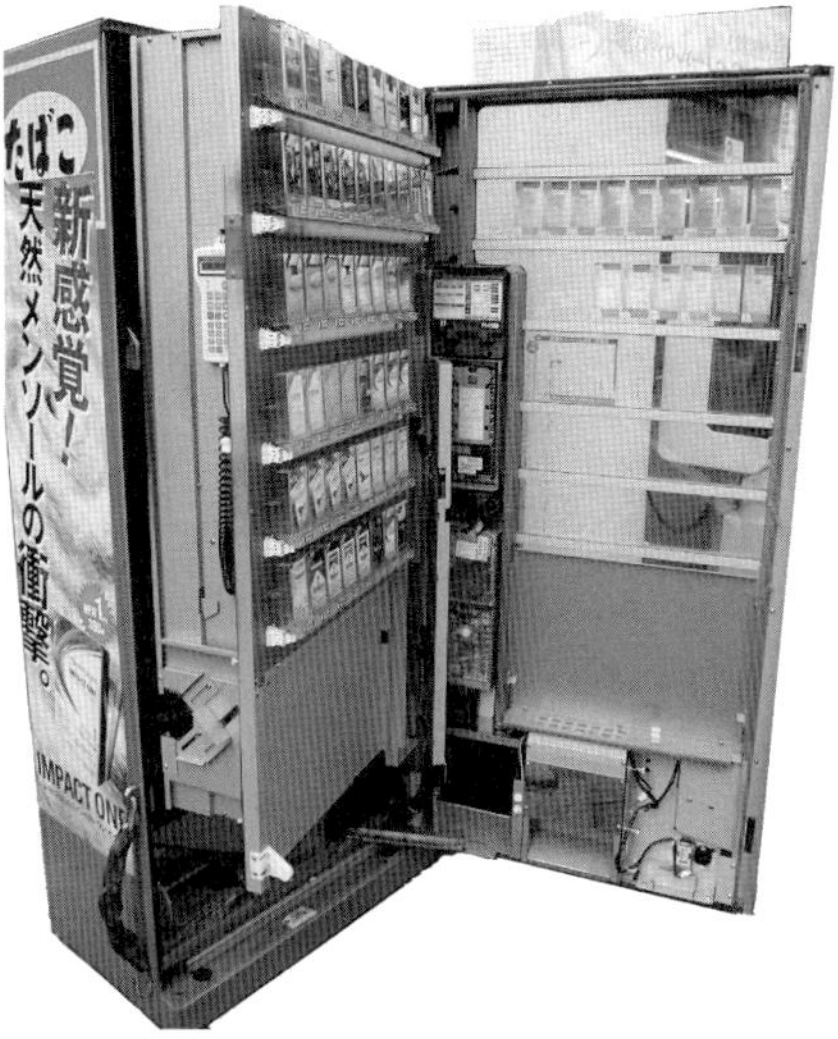


［図２］一枚目のドアは薄く、ビルバリデータとコインメックしかない。

［図３］
お金を扱う機械でありながら、自動販売機のドアさえ開いてしまえば、その後は無防備状態である。

紙幣や硬貨投入口の裏側に設置されているユニットは、上からタスポユニット、ビルバリデータ、コインメックです（図3）。ちなみにタスポユニットとは未成年者の喫煙防止のために平成二〇年七月より導入が開始された機械です。成人であることを証明できれば無料で配布される専用ICカードを使うことでたばこを購入することができます。このようなたばこ自動販売機のことを「ICカード方式成人識別たばこ自動販売機」と呼んでいます。

ビルバリデータは、大きく二つの機能に分かれています。紙幣の種類や真贋をチェックする紙幣識別機と、受け付けた紙幣を保管するスタッカーと呼ばれる場所です（図4）。紙幣識別機は、紙幣が投入されると機械内部で紙幣の種類である額面などをチェックします。

例えば千円札が投入されると、既に記憶されている千円札の特徴と比較し、類似点が一定基準を超え、その紙幣が千円札とほぼ同じであると判定されたときだけ商品の購入ができます。千円札はスタッカー直前の場所で商品が自販機の外に出るのを待機します（図5）。

お客は欲しい商品を選択、商品が出ると同時に待機していた千円札はスタッカーへ納められます（図6）。

## 三、ビルバリデータの搬送方法

もう少し詳細な動きを観察してみることにします。自動販売機の表から紙幣を入れると真裏にあるのが紙幣識別機ですが、紙幣識別機の入り口付近にはＬＥＤを光源とし、フォトトランジスタに代表される光センサを受光部とした光スイッチが配置されています。光源からの光は常時受光部で受け取っています。ここに紙幣が入っていると光を遮ることになり、それをきっかけに紙幣識別機のコントローラ部が紙幣の

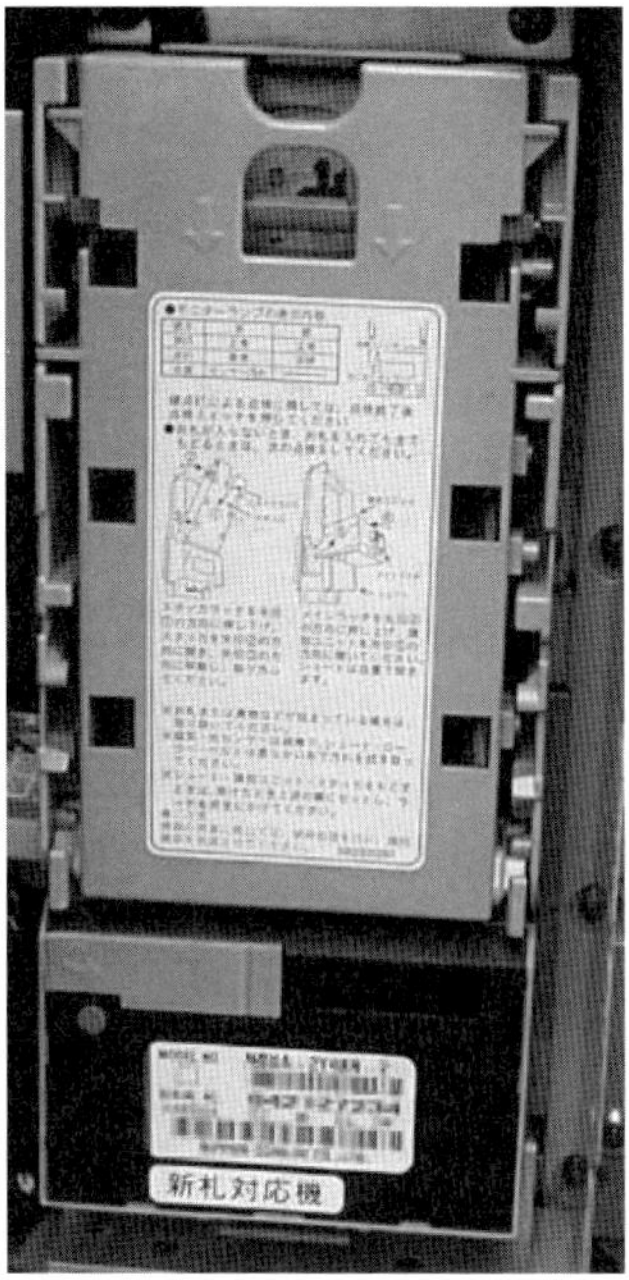


［図4］
ビルバリデータは上三分の二がスタッカー、下三分の一が紙幣識別機だ。

［図5］
スタッカーを開いたところで、スタッカー手前で待機中の千円札が見える。

［図6］
商品が出たあとにスタッカー内部を撮影したもので、千円札がスタッカーの押さえ板に挟まっている。

挿入を感知、紙幣搬送のためモータに通電、ゴムベルトを駆動します。さらに紙幣を押し込むことで、ゴムベルトとローラに挟まれた紙幣は、紙幣識別機の中へと入っていきます（図7）。

紙幣識別機を通過した紙幣は合格基準を超えていることを条件にスタッカー部へ進みます。スタッカーは紙幣を納めておく言わば金庫の役目をする場所ですが、入り口までは進むもののスタッカー内部へは収まらず、一端スタッカーの上で待機状態に入ります。待機状態に入るのはお客の選択を待つためで、それは商品の選択と商品購入のキャンセルを選ばせるためです。お客が返却レバーを回せば、スタッカーで待機していた紙幣は紙幣識別機へ逆戻りし、自動販売機の表に排出され、商品購入の手順はキャンセルされます。もし偽札や合格基準に満たない劣化した紙幣が紙幣識別機に入ってくると、その偽札や劣化紙幣はスタッカーの待機位置にくることはなく、そのまま排出され商品購入はやはりキャンセルされてしまいます（図8）。

合格基準を満たした紙幣がスタッカー上部で待機している間に商品の購入を選択すれば、次の処理へ進みます。自動販売機は選ばれた商品を外へ送り出すと同時に釣り銭処理を実行しますが、その段階で、スタッカー上部に待機していた紙幣をスタッカー内部へと納めます（図9）。スタッカーは、その規模によりますが、少ないものでも百枚程度、多いものだと五百枚の紙幣は収納できます。

その昔、自動販売機を狙った犯罪の一つに、紙幣の端に紙幣と同じ幅の帯状ビニールをテープで接着した変造紙幣で自動販売機をハッキングする方法がありました（図10）。紙幣にビニールを付け足して長くした変造紙幣は、自動販売機の中に入ると本物の紙幣が先端についているため、合格基準に達し、商品が購入できるようになります。商品を取り出し、つり銭が出てくると同時に自動販売機の外に出ているビニールを引っ張ります。変造紙幣はビニールの先に付いているので抜き取ることができます。

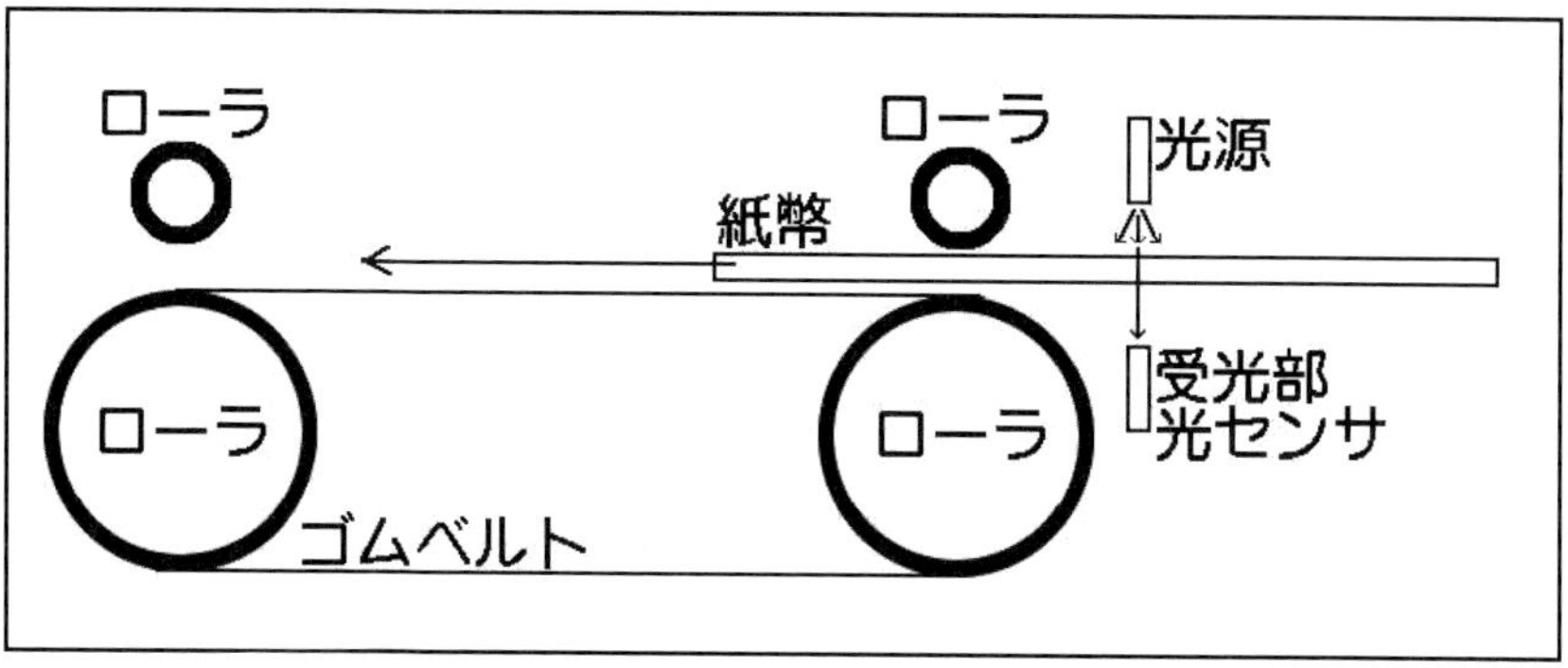


［図７］紙幣識別機の断面図。紙幣はゴムベルトとローラに挟まれ奥に待つ各種センサのある場所まで搬送される。

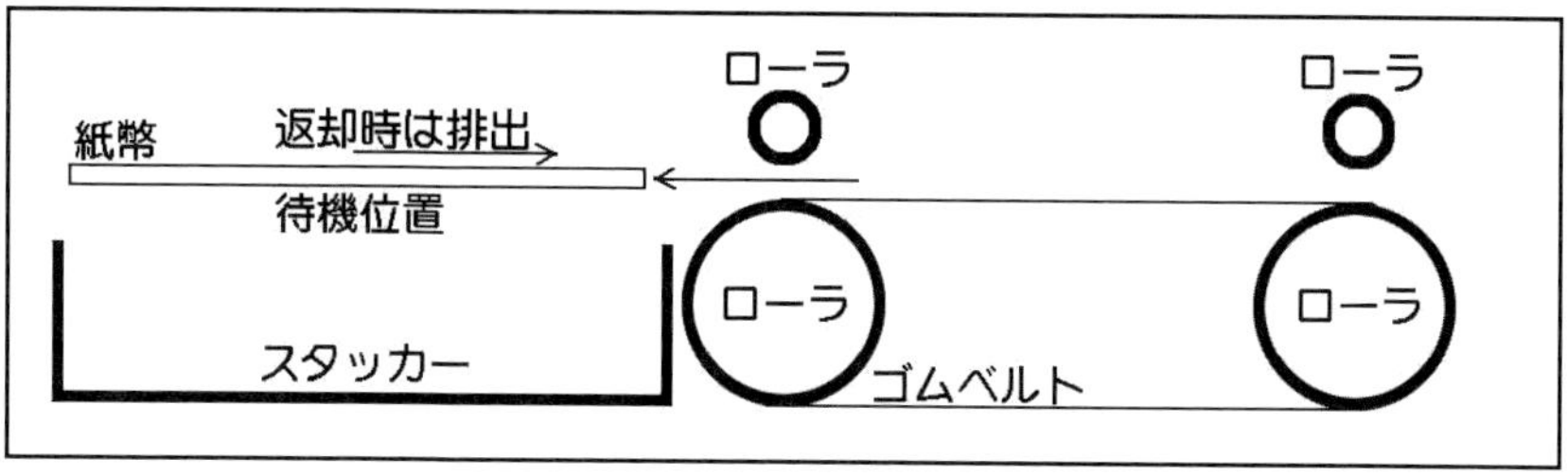


［図８］待機位置にくる紙幣は紙幣識別機で合格とされた本物の紙幣だけ。

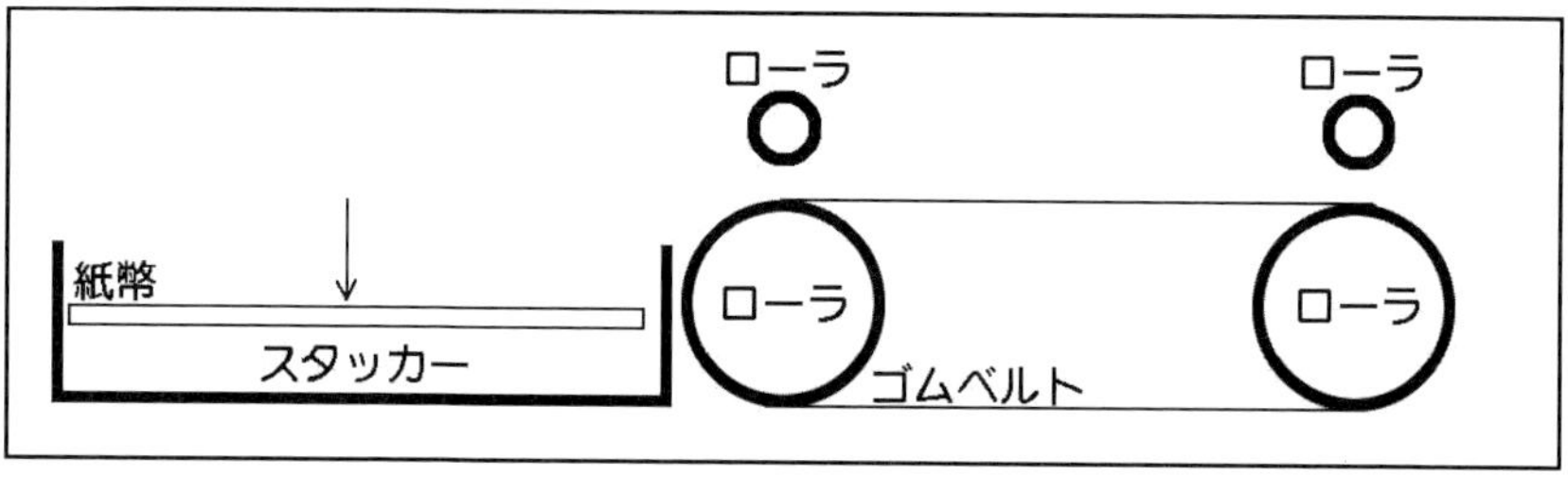


［図９］商品が購入されると紙幣はスタッカーに移動し保管される。

この手順を繰り返せば自動販売機から商品またはつり銭が無くなるまで繰り返し変造紙幣が使えて、効率のよい犯罪でした。但しこの犯罪はあくまでも昔の話、全ての紙幣識別機はこれに対応するために「引き抜き防止爪」が付いています。この爪は紙幣が通過する搬送経路にセットされていて、紙幣が通過すると出てきます。紙幣を引っ張ろうとしてもこの爪が邪魔になり抜き取ることはできませんし、ビニールをテープ状にしたものを紙幣に貼り付けていれば、紙幣は通過したあと本来の紙幣の長さを超えても爪が出せないのでエラーになり排出されます。このようにビルバリデータは、紙幣の取扱に注意をはらうだけでなく、犯罪への対応も考えられているユニットなのです。

## 四、紙幣識別機のセンサ

センサの語句をインターネットなどで調べてみると「ある現象や機械的・電磁気的挙動を技術的な応用で扱い易い信号に置き換える装置」との内容で説明されていました。例えるなら、深夜暗闇で人を感知すると電灯が自動点灯する赤外線センサや、快適な室温を保ってくれるエアコンに付いている温度センサなどです。我々身の回りはセンサだらけと言っても過言ではありませんが、紙幣識別機の中もセンサだらけでした。

紙幣識別機で使われているセンサは大きくわけて二種類。光センサと磁気センサ。光センサは前にも書いたとおり、紙幣が識別機に入ってくることを確認するためのスイッチ的な役割をするものもありますが、それ以上に紙幣そのものの紙質をチェックするために利用されています。二つめの磁気センサも光センサとは構造も機能も違いますが、紙幣の紙質をチェックするために使われているという共通点があります。

センサは文字通りセンシングした測定結果を得るために使われています。あらためて紙幣識別機の内部を見ることにします（図11）。

紙幣識別機を開けてみたところ、左右には紙幣搬送用のゴムベルトがあり、左右対称にセンサが並んでいます。外側にある金属の四角いセンサは磁気センサで、テープレコーダに使われている磁気ヘッドとまったく同じ原理構造で磁気反応をチェックするために配置されています。さらにその内側には四つの光センサがあります。中央の一つだけ種類が違うのでしょう、赤く光っているLEDがありました。その他のLEDは何らかの理由で消灯していたのか、もしくは可視光以外のLEDである可能性があります。何れにしても光センサは、発光素子であるLEDと受光素子に分かれているタイプが使われていました。

紙幣識別機内部を紙幣が通過するとき、一方からLEDで光をあて、反対側でその光を受ける構造です。

［図10］本物の紙幣を引き出すためのしっぽを付け足した変造紙幣。自動販売機の外に垂れ下がった付け足したしっぽを引っ張れば紙幣は回収できた。

では、具体的に二種類のセンサについて役割を紹介しましょう。まず磁気センサは、磁気を感知し磁性体の量を電気的信号に置き換えることができます。その信号はコンピュータを利用し波形化することもできますし、数値化することもできます。紙幣には磁性体が含まれたインクを使っている箇所があります。その場所を磁気ヘッドによって探り、その磁性体の量を数値化し合否判定の判断材料として利用しています。

光センサは、受光部に入る光の量を電気信号に置き換える機能があります。光とは通常可視光線のことをいいますが、自然科学の分野においては紫外線や赤外線など目に見えない波長も光と言っていることから、本書においては光全般の中で、目に見える可視光線とそれ以外を分けて説明することにします。

光センサの中でも赤外線と可視光は紙幣識別機において、その真贋判定の力量を左右する重要な話題だと考えています。このことについては第四章についても触れることにしますが、ここでは簡単にその違いを説明します。まず可視光線を利用する光センサは、紙幣に透過された光を受光部で受け取る場合、その印刷されている色には関係なく光の透過量だけが受光部に入ります。これは赤や青といった色の違いではなく、濃さによる光の量であることを意味しています。もう少し簡単に書くなら、紙幣を光源に向かってすかした場合、印刷されている色が分かるのではなく、紙幣の表面と裏面の柄が重なって見えます。この重なった柄こそが可視光線の透過でチェックできる紙幣の判定要素となります。同じく光センサの仲間である赤外線センサは、可視光線の特徴に加え、インクの内容（素材含有量）を比較することもできます。カラー複写による偽札を可視光線で見つけるのはその差異が少ないところから難しいと判断できますが、赤外線で見るとカラー複写は全体的に薄く見えています。本物は濃く見えている箇所と薄く見える箇所があり、何らかのインクに違いがあることに気がつきます。一目瞭然とはまさにこのことを言っていると思

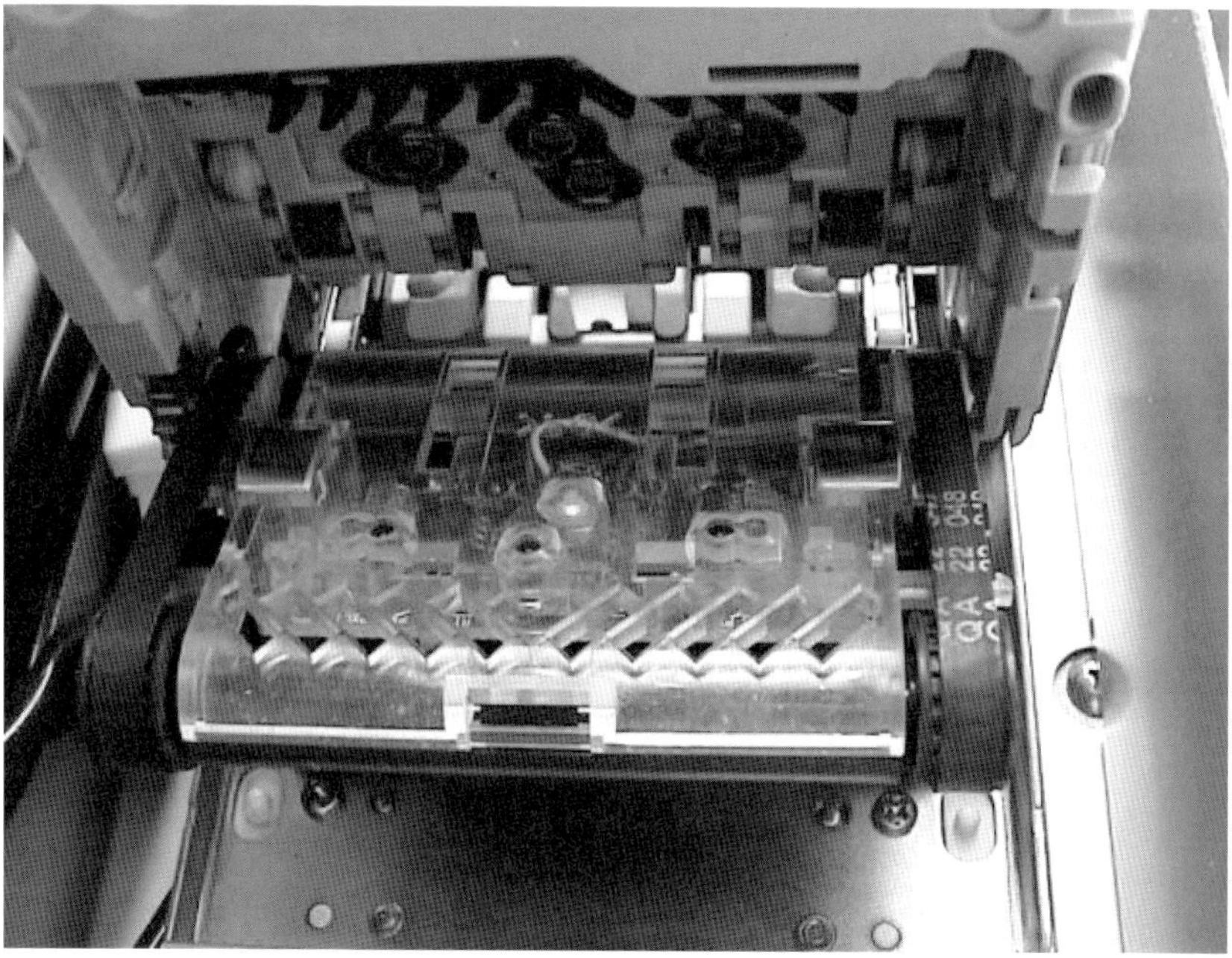

［図 11］ わずかなスペースに見えるだけでも磁気センサが二個、光センサが四個もある。

［図 12］ 左右共に上はカラー複写機によるコピーで、下は本物の一万円札。左側は可視光線による通常撮影、右側は赤外線の光源を元にビデオカメラのナイトショットや暗視モードと呼ばれる機能を使って撮影した写真。

うほどです（図12）。赤外線センサを使うことができればカラーインクジェットプリンタで作った偽札などは簡単に見つけ出すことができるでしょう。

先ほど紙幣識別機を開いた時に光源となるＬＥＤには、赤く光るタイプと光らないタイプがあることに気がつきましたが、赤いＬＥＤは目で見ることができましたので可視光線であることは間違いありません。光を見ることの出来ないＬＥＤは、通電されていない可能性も否定できませんが、一種類だけに通電し他のＬＥＤに通電しないのも不自然です。この場合可視光線ではないと考えることもできます。著者は赤外線を使っている可能性も考えています。もし赤外線センサを使っているなら先にも書いたようにカラーインクジェットプリンタで作った偽札などは簡単に鑑別できることになり、この紙幣識別機の持っている真贋判定能力は高いと考えられます。

さて、紙幣の紙質をセンサで測定する方法は、いままで見てきた光の透過による方法の他にも反射型と呼ばれる方法があります。反射型センサは、光源と受光部が同じ場所にあります。角度を付けた光源より放たれた光が紙幣に反射、その光を受光部で受け取りその柄を電気信号に置き換えます（図13）。

透過型センサも反射型センサのどちらも紙幣に印刷されている柄を読み取る方法ですが、多くの紙幣識別機は透過方式が採用されています。これは、反射型と比べて表面と裏面同時に柄を合わせて見ることができるので、判断に必要なソフトウェア的アルゴリズムにおいて反射型と比べセンサ数が約半分で済むこと、センサ数が少なければコストダウンにつながることがあげられます。但し反射型は片面しか見ないので、表と裏の印刷ズレを気にする必要がない長所もあります。つまり表と裏に印刷ズレがあると、透過型では同額紙幣であっても紙幣毎の個体差が広がり紙幣を認識することが困難になります。

印刷手法として、日本流は表面と裏面を同時に印刷するため、表と裏のズレは極めて微量なので透過型

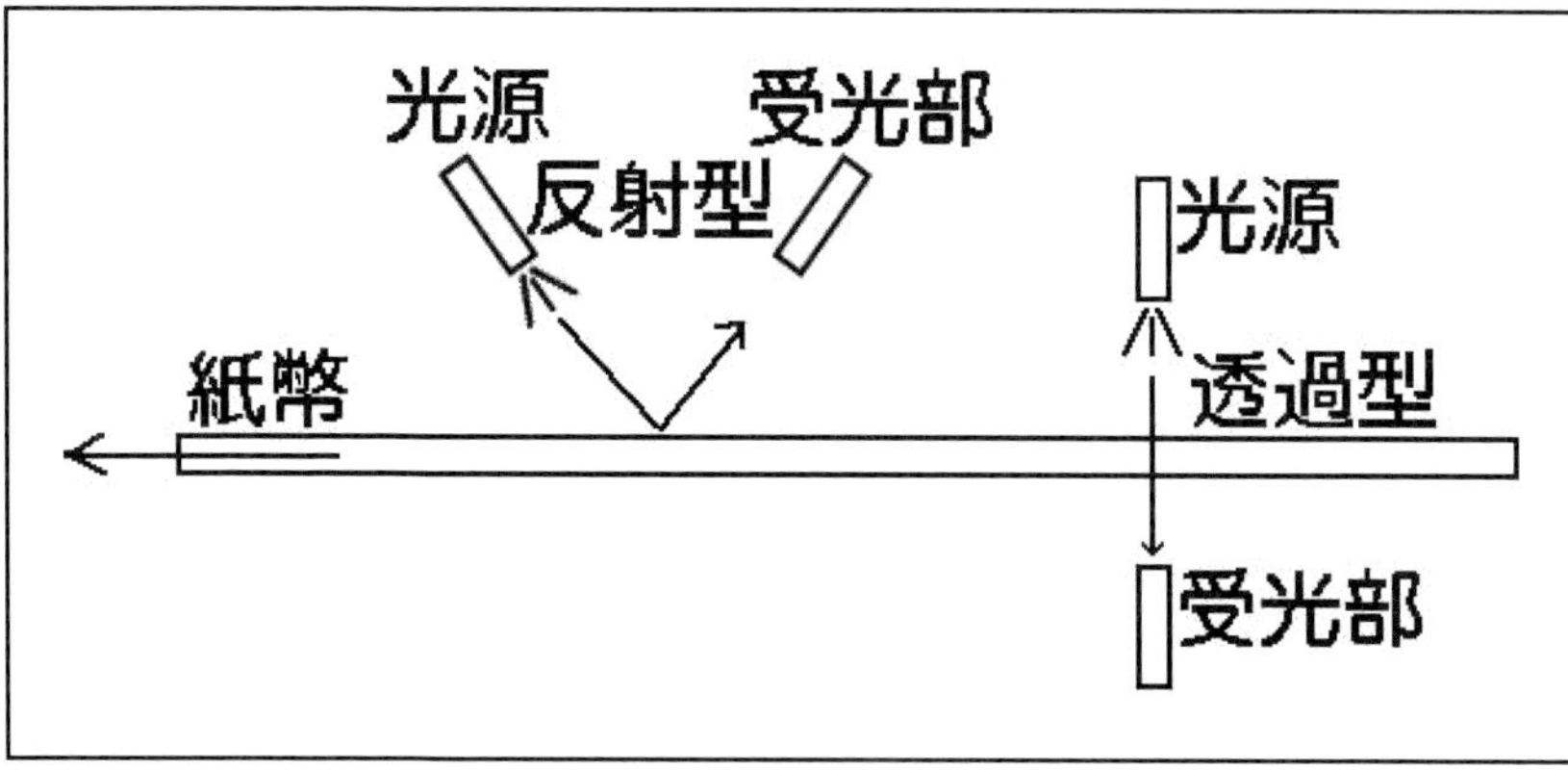


［図 13］透過型センサは、紙幣両面の柄を重ねて見るが、反射型センサは片面だけの柄を見る。

［図 14］左二枚は旧タイプのアメリカ二十ドル紙幣、右一枚は五ドル紙幣。二十ドル紙幣、左側は右寄り、右側は左寄りに印刷されている。右の五ドル紙幣は右寄りに印刷されている。

［図 15］
写真は反射型赤外線センサの一種で、センサ先端に二つの窓があるのが見える。片方が光源でもう一つが受光部。

でも問題はないのですが、外国紙幣においては表と裏は別工程で印刷されることが多く、大きな印刷ズレが生じることもあります。

品質管理に問題があると言えそうですが、アメリカのドル紙幣においては、表と裏の印刷ズレ以前に、裁断ズレも存在しています（図14）。左右どちらかに片寄っている印刷などは珍しくもないのが現状で、これらを透過型センサで見たとすれば同額紙幣ではあっても似て非なる結果が得られるのは想像ができます。

海外の紙幣においては、日本の品質管理からすると想像できない代物もエラー券とはならず市中に出回ります。そのような紙幣を透過型でチェックすると、表面と裏面の重なり具合は本物の紙幣とは言え、大きなずれとなり、真贋の判定要素としては扱いにくくなります。その点、反射型は片面しか見ませんので、表面と裏面のズレは判断基準から除外されるために、その効果に期待が持てるというわけです（図15は反射型センサ）。

磁気センサと光センサが使われていることはわかりました。次はそのセンサが見ている場所にも着目したいと思います。まずは、D券対応である旧タイプの紙幣識別機（図16）とE券対応の最新機種（図17）を比較することで、紙幣が変わると識別機にどのような変化があるのかを確認してみたいと思います。

磁気センサの位置や光センサの位置に変更はなく、現在のものと比べると中央にあるセンサが一つ少ないだけでした。このことから、紙幣の判定基準となるポイントは何らかの理由で決まっているようにも思えます。それを裏付けるかのような紙幣識別機です。この紙幣識別機はメーカが違いますが、やはり磁気センサや光センサの位置に大きな違いはありません。

どうやら、磁気センサで磁性体を見るなら端、光センサで柄を見るなら中央寄りと相場が決まっている

［図 16］
D 券千円札対応の一世代前の紙幣識別機。

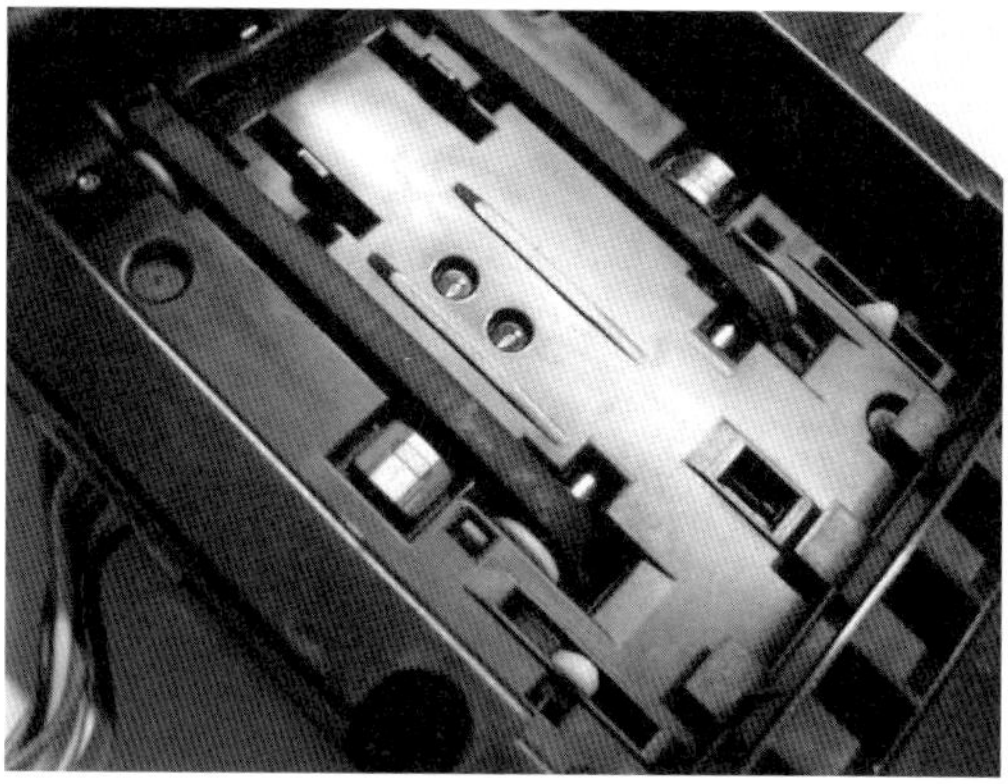

［図 17］
他メーカ、世代は異なっても磁気センサの位置は変わらない。また中央に位置する光センサも変わらず存在している。

［図 18］
多くの紙幣識別機は、三カ所のライン上にある②柄や①磁気インクの状態を特徴ポイントとして採用している。

ようです。このことから紙幣をあらためて観察すると紙幣の中央左から、千円などの額面が印刷されており、紙幣中央には肖像が入ったすかし、中央から右寄りには肖像が印刷されています。光を透過し紙幣左端からセンサが信号を受けたなら、紙幣の上下位置よりは、中央寄りの方が柄にメリハリがあり、センサから受け取る電気信号にも大きな差が出ることは想像がつきます。図18は紙幣識別機が見ているポイントです。

しかし、柄のメリハリを識別の要素として使いたいことはわかりましたが、どうしてメリハリがあった方がいいのでしょうか。柄が密集している紙幣の上下の位置の方がよりきめ細かい信号が得られるのではないかとも思えてきます。

結論から先に書きますと、答えは劣化による紙幣の個体差とばらつきがあるためでした。紙幣は紙で出来ていて利用する人が折ったりすればしわもでき、手垢で汚れも付着します。紙質そのものに変化が出ることが分かっています。本物の紙幣であっても、紙質が変化するとなれば、情報が密集しているところよりは、スカスカでメリハリがある場所の方がその紙質を判断しやすいのでしょう。

ある紙幣を横置きにして中央を左から右へと動かし、反射型可視光センサで得た信号を数値化しグラフを作成しました（図19）。縦軸はセンサから得られた電気信号を数字化したもので、上の方は色が濃く下は薄い状態を表しています。横軸は時間軸で光センサが紙幣の左から右へ移動したときの状態です。ちなみに用意した紙幣は同額紙幣百枚、銀行から受け取ったままの状態で折り目をつけるなど受け取り後に手を加えることはしていません。また百枚とも一回だけ実験に使用し同じ紙幣を繰り返しデータ採取することもしていません（偽造防止の理由から紙幣の種類は公表しません）。以上をふまえて一番上のグラフから見てください。一番上のグラフは一枚目の紙幣、上から二番目のグラフは二枚目の紙幣、一番下のグラフは、

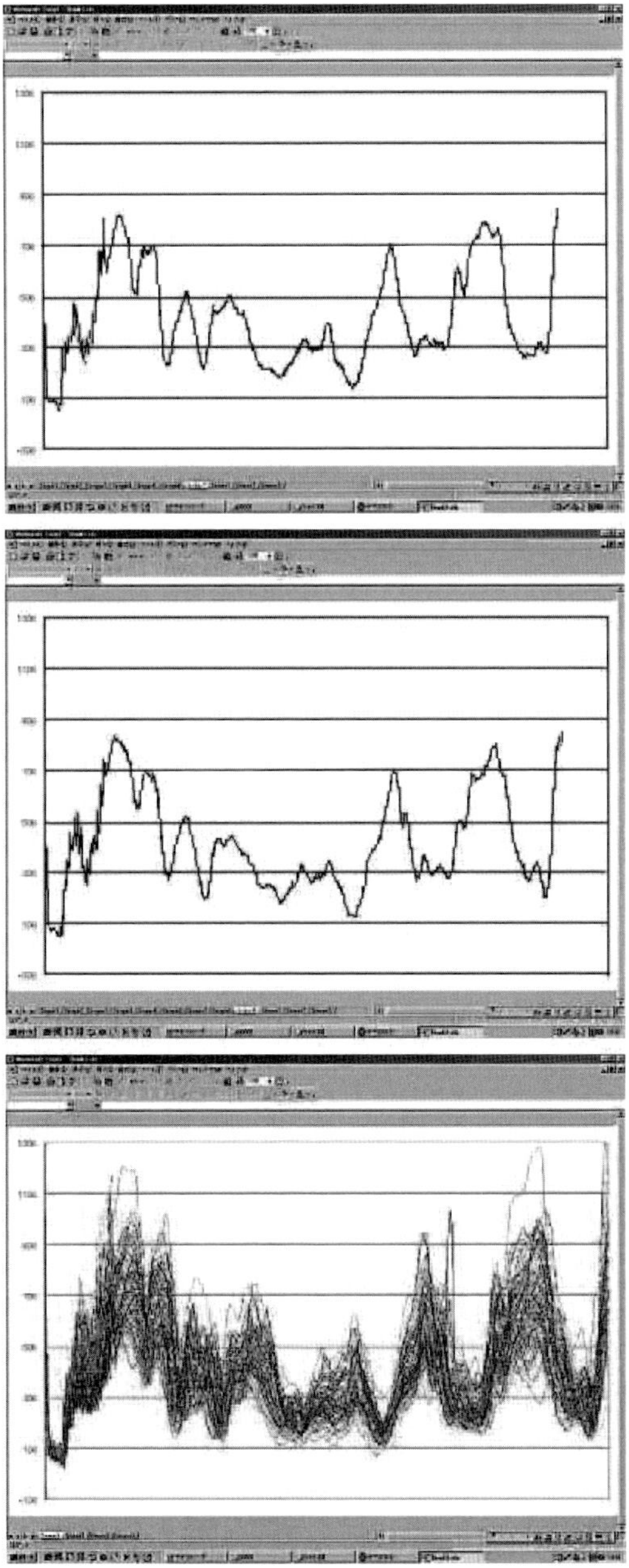

［図19］
ある紙幣を百枚用意し紙幣のデータを採取した。百枚の紙幣はグラフ化すると個々に類似点はあるが、重ねてグラフを作ると大きな幅があり個体差を実感することができる。

一枚目から百枚目の紙幣で得られた情報を重ねたグラフです。一枚目も二枚目もグラフ的には類似点も多く同じように見えますが、紙幣百枚分をグラフ化するとその挙動には上下左右共に幅があることに気がつきます。これが紙幣における個体差の幅であり、言い換えれば本物の紙幣である情報の許容範囲であることを意味しています。

メリハリがある紙幣中央ラインをデータ化しても、これだけの幅がありますから、柄が密集している上下付近の柄を光センサでチェックするのは困難であることも想像がつきます。

反面、磁気センサはインクに含まれている磁性体の量や場所をデータ化します。同じ色でも磁性体の入っているインク、入っていないインクを使えば、見た目にはわかりませんから、柄には関係なく必要に応じて磁性体を紙幣に埋め込むことができるわけです。磁性体の強弱などの反応を見ることで紙質をチェックすることも可能になり、見た目に分からない磁性体の有無は、偽札防止技術の一つとして有効と言えます。

さて、このように紙幣識別機におけるセンサの役割は、可視光線による光センサで紙幣の柄をチェックし、通過時間なども合わせて測定すれば日本の紙幣には額面で横幅が異なることから、金種判定ができることになります。磁気センサでは、インクに混ぜられた磁性体の反応を頼りに真贋判定をしていることがわかりました。

## 五、紙幣鑑別機の構造

自動販売機に使われている紙幣識別機は、紙幣の金種（千円札、五千円札、一万円札）を判定することが中心です。真贋判定要素としては、磁気ヘッドによる磁性体のチェックだけですから、第一章の「四、偽札の作り方　素人編」で述べたように、白黒コピーをされてしまえば偽札に磁性体が入ります。そうなれば自動販売機のハッキングも不可能ではありません。そういう意味で紙幣識別機械の真贋判定はおおよそ程度のレベルです。

紙幣を識別することを目的とした機械ではなく、偽札を見つけることを目的として作られた機械のことを紙幣鑑別機と呼ぶことにします。紙幣鑑別機は、識別機の能力にプラスして偽札情報が加味されているところに差があります。つまり偽札を探し出すことを目的として作られているのが紙幣鑑別機ということになります。

紙幣鑑別機にも種類があり、自動鑑別機、総合鑑別機、ハンディタイプ、ペン型など種類も豊富です。価格も千円前後から十数万円を超えるものまでと幅広くあります。一度でも偽札の被害にあうと、購入を検討したくなる製品です。

紙幣鑑別機を購入する場合、その特徴を十分に知っておく必要もあります。つまり、偽札を探し出すということは、偽札の特徴が分かっていることを意味します。むしろ知らない場合は探せないともいえます。まるで禅問答のような話に聞こえますが、何をもって偽札とするのかを定義しないと機械は偽札を探すことはできません。このようなことを書いておきながら矛盾をあえて書くなら、本物の定義が確定され揺らぐことがないのであれば、本物の紙幣を探せばいいことにもなります。本物以外は偽物であるとの考え方です。しかし、残念ながら本物の紙幣の特徴を摸倣することはそれほど難しくありません。そのため、限りなく本物に近いものを探し、加えて周知されている偽札情報に似た特徴をもつものを偽札として判断しているのが現状です。

初期の偽札鑑別機はとてもシンプルで、紙幣識別機に紫外線ランプとセンサが追加されているだけのものでした。原理は簡単、紫外線（ブラックライトと同意）をコピー用紙にあてると青白く光ります。本物は青白く光らないので、この光を検出するためのセンサを取り付け、紙幣を鑑別機に通します。もしこのセンサに反応が出ればそれはコピー用紙で作られた偽札であることがわかり、エラーとして表示します。ところが、裏をかくのも簡単でコピー用紙を使わなければよい訳で、著者の実験では、藁半紙や和紙にD券の偽札同様に白黒コピーしカラーインクジェットプリンタで柄を印刷する二重印刷の偽札で、簡単にスルーすることもできました。また、紫外線ランプからの光を受けるセンサ位置を探し出し、偽札の同じ位置に黒のテープを貼って紫外線反応が出ないようにすれば、さらに簡単なハッキングもできます。何れにしてもその鑑別機が何をもって偽札と判断しているのかを知ることは、ウィークポイントを知ることでもあり、それによって過剰な期待による万が一のトラブルを未然に防ぐことができます。

例えば紙幣鑑別機を購入すると、注意書きには「偽札の検出を百パーセント保障するものではありません」「精密に作製された偽造紙幣には反応しません」「補助的にお使いください」などの但し書きがあります。なんとも頼りない文面です。でも偽札は進化しつづけ、本物の紙幣に近づいているのも事実です。本物の特徴に限りなく近づくのが現代の偽札です。本物と偽札の差異が無くなれば機械による鑑別は不可能になります。

紙幣鑑別機は完璧ではないことを承知して頂いた上で、紙幣鑑別機の製品チェックをしてみることにします。チェックするのは、「ディテクターペン」、「総合鑑別機」、「紙幣鑑別機」です。

「ディテクターペン」とは、サインペンに似た紙幣鑑別グッズで外国ではスーパーのレジで使っているのを見かけます（図20）。ディテクターペンで線を紙幣に書いてみることで、真贋判定する仕組みです。

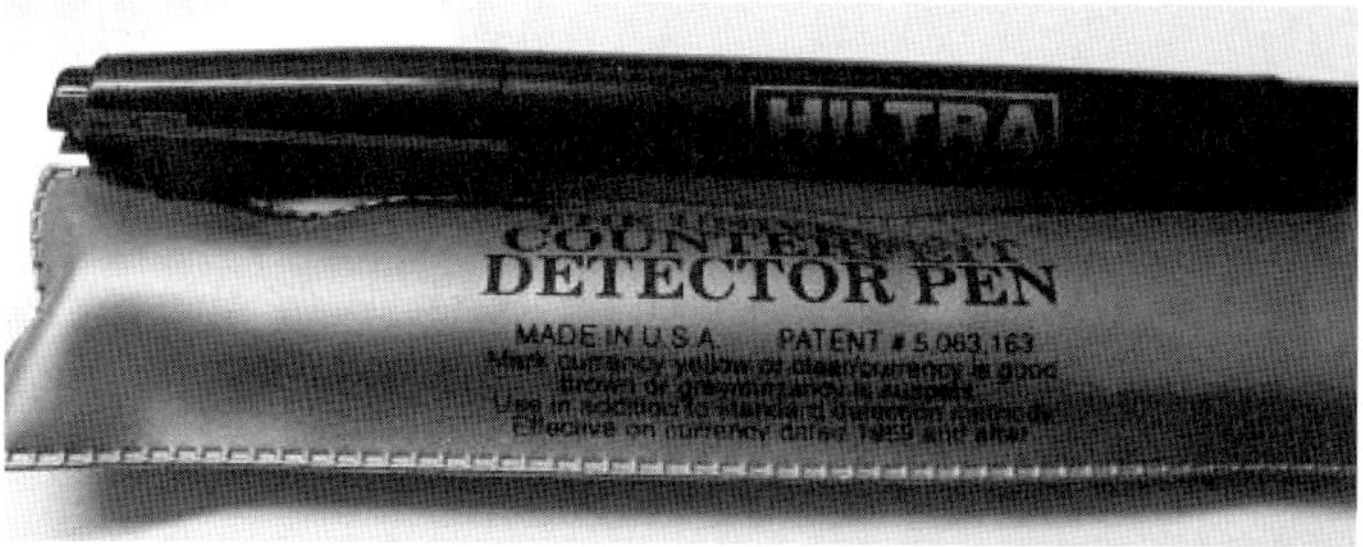


［図 20］
通販で購入が可能。サインペンと同じサイズ、小さくて持ち運びに便利だが効果の程は九割程度。

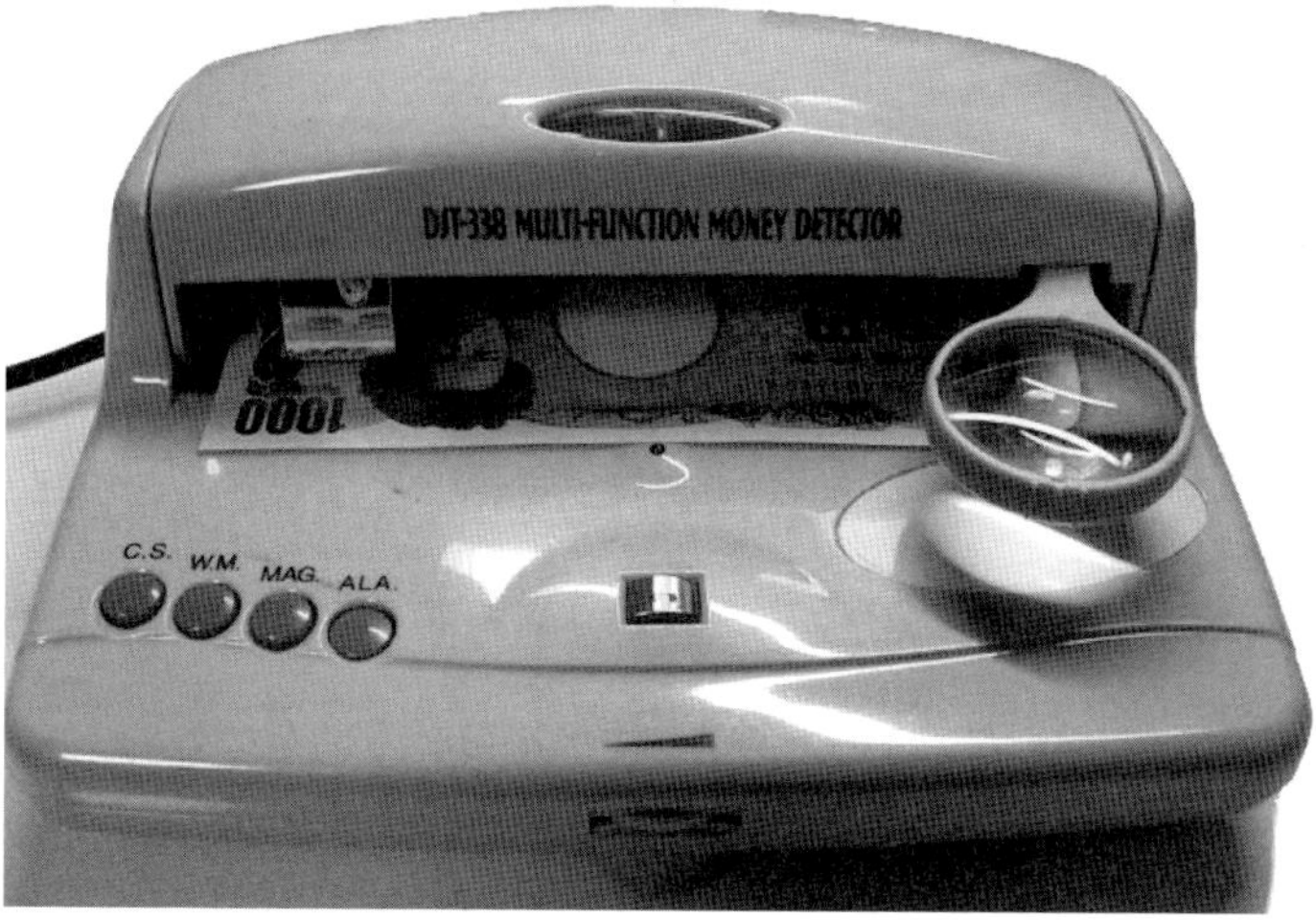


［図 21］
ブラックライト、通常可視光ランプ、ルーペ、磁気ヘッドなどが付いている万能タイプの紙幣鑑別機。

［図 22］
著者が作った紙幣風な紙。

本物の紙幣に書くと、最初は黄色みがかった色が付きますが、次第に消えてしまいます。ところがコピー用紙に書くと黒っぽい線になります。原理は、ヨード液とデンプンの関係に近いと思っていただけると分かりやすいでしょう。もちろん紙の特徴を探し出す仕組みですから紙幣と同じ素材の紙を使ってしまえば反応はしません。メーカ発表では九十パーセント以上の精度が期待できるそうですが、紫外線反応と同じで、コピー用紙を見抜く程度と思っていたほうが良さそうです。

「総合鑑別機」とは、自分でチェックするために鑑別ツールを一つにまとめた製品のことをいいます（図21）。筐体は紙幣がセットできるほどの大きさで、ブラックライトの蛍光灯、通常可視光ランプ、虫眼鏡、接写用ＣＣＤカメラと液晶モニタ、磁気ヘッドなど何れかが価格帯に合わせて組み込まれています。ナイフやドライバや爪切りがひとつになった十特ナイフ（万能工具）を思い出させるような鑑別機ですが機械とは言い難く全て自力で検査します。まず、隙間に紙幣を入れブラックライトのスイッチを入れます。点灯するとブラックライトから紫外線が紙幣にあたります。日本紙幣なら、偽札防止技術として採用されている印影部分が蛍光体インクで印刷されているので、その部分が輝き、真贋判断基準となります。紙幣全体が青白く輝けばコピー用紙であることもわかります。通常可視光ランプのスイッチを入れ、紙幣のすかしを通常可視光ランプにあてます。紙幣にすかしがあれば本物。虫眼鏡は一般銀行や日銀が発表しているマイクロ文字などの偽札情報に照らし合わせ、その状態を確認するために使います。接写用ＣＣＤカメラは虫眼鏡の代わりに使うだけで用途は同じです。磁気ヘッドに紙幣をあて左右にこすりつけるとアンプとスピーカが内蔵されているので、磁性体の有無を音として確認することができます。

この手の機械を本気で製品化した人に、その真意を聞きたくなる程のできの悪さですが、実際に売られ買う人がいるのも事実です。例えばブラックライトは家電量販店や照明機器専門店に行けば売っています。

普通の蛍光灯スタンドの蛍光灯と交換すればすぐにチェックできますし、電池式のハンディタイプも千円前後で売っています。最近では紫外線LEDなる商品もあるので、ブラックライトの代わりにもなります。すかしのチェックは、照明器具をあててもチェックできます。虫眼鏡や接写用CCDの有効性は否定しませんが十〜二十倍程度のルーペを購入すれば、一時しのぎなら十分です。磁気ヘッドに至っては、文書をコピーした紙でも反応します。磁性体の濃度をチェックするなら有効性もありますが、磁性体の有無だけなら無意味でしょう。一体型としての利便性は否定しませんが。少々素人だましの感じがするのは私だけでしょうか。

「紙幣鑑別機」(自動鑑別機のことを言います)は、紙幣識別機に鑑別能力を加えた機械。メーカや機種により取り扱いセンサは異なりますが、可視光線、紫外線、赤外線、磁気、CCDに類似した画像処理機能など、紙幣識別機より多くのセンサが使われています。紙幣鑑別機は、お札を束ねてセットするホッパーと呼ばれる場所、鑑別機本体、検査した紙幣を排出し溜めておくスタッカーがあります(機械によっては手で一枚ずつ差し込むタイプがある)。スイッチを入れると紙幣が勢いよく紙幣鑑別機の中に吸い込まれていきます。百枚程度なら一分もかからないほどのスピードで鑑別します。多機能鑑別機の中には金種ごとの枚数まで表示できる優れものがあり、高価ですが購入者は納得できそうな出来です。

使われているセンサについて確認することにします。何度も登場する可視光線や磁気は紙幣識別機と同じ働きをしています。紫外線は蛍光インクの判定やコピー用紙をチェックすることができます。赤外線においてはインクの材料をチェックすることができるので、素人がパソコンで偽造する程度の偽札は鑑別できます。最後の画像処理機能とは、紙幣に印刷されている一連の番号である記番号を読み取る機能です。偽札情報は政府や中央銀行、警察などから発表されますから、その記番号を比較することで簡単に偽札を探し出すことができます。最近の紙幣鑑別機はパソコンとＵＳＢ接続でき、最新の偽札情報である記番号をプリセットすることもできます。

偽札情報のひとつである記番号をチェックするのは画期的なアイデアにも思えますが、実際はかなり地味な手法であるとしか言えません。つまり、偽札が何処かで発見されて初めてその記番号が世に知られる訳です。その番号を知ってから鑑別機に登録するので、どうしても後手に回ります。運悪く良質（？）な偽札を手にしたときは記番号が登録されていないので、高精度な偽札鑑別機とはいえスルーしてしまう可能性は否定できません。

十年以上も前の話ですが、白黒コピーで磁性体を入れ、紙は和紙を使い手書きで柄を書いた「紙幣風な紙」を作ったことがあります（図22）。コピー用紙ではありませんから紫外線反応はスルーします。記番号のチェックをしないモデルで実験したことも条件に入りますが、この紙幣風な紙は、アメリカのドル紙幣であると認識されました。実験した紙幣鑑別機は名誉のため公開しませんが、何をもって偽札と判断しているかを理解した上で作ってしまえば見た目に粗悪な偽札でも紙幣鑑別機を騙すことは可能です。

偽札を鑑別することのできる機器で一番高価なのが自動式の紙幣鑑別機です。自衛手段をとらなくてはならない銀行や両替商、ホテルでは実際に利用していましたが、本当の所は完全に頼り切ることは出来ません。事実、ある海外でホテルを経営している人が多発する偽札のため自動式の紙幣鑑別機を購入しようとしたところ、紙幣鑑別機メーカの営業担当は「本機は、絶対に偽札を発見するとは確約できませんが、それでも購入されますか？」と念を押したそうです。

# 第四章　本物と偽札の比較

## 一、人を騙す偽札

有名ブランドのバッグや時計の偽物をコピー品と呼び、一見似ているが本物とは違いブランド名も異なるような商品のことをパロディ品といいます。インターネットで「パロディ」「時計」をキーワードとして検索すると高級時計ブランドの「ロレックス」のパロディで「リラックス」が検索されるのは知る人ぞ知る話。何れも似ているという点では同じで、オリジナルをよく観察しているからこそ出来る品物です。パロディ品は、オリジナル品に似ているが違う、似て非なる物であるために似ている度合いを示すランクなどはありませんが、コピー品は、オリジナル品にどれだけそっくりに近づけるかが重要なポイント。その出来不出来でランクが存在します。仮に、似ているBクラス、よく似ているAクラス、一見して偽物とは分からないSクラスがあるとしましょう。Sクラスともなれば素人では鑑別が難しく、マニアかその筋の人でないと違いを見抜く事はできません。最近、偽高級時計ではSSやSSSクラスと呼ばれる偽物が出現しているそうです。もちろんコピー品は、その出来不出来に関係なく商標法違反です。当然ですが、偽札はパロディではありません。本物の紙幣を偽造し、行使すれば犯罪です。どのような分野においてもそっくりな製品を作ることで有名な中国においては、偽造、変造、パロディなど合法なのか非合法なのか区別するのが難しいほどに似ている物が氾濫しています。偽造や変造で困っているのは何も日本人だけではなく、中国人でも被害者はいましたのでご紹介しましょう。

知人の王さん（仮名）は中国吉林省に住むＩＴエンジニアで、商店を営むご両親は日頃より偽札の被害に遭っているそうです（図1）。店を閉めて売上金の精算をしていると偽札の混入に気がつくことがあるそうです。もちろん気がつけば警察に知らせるそうですが本物と交換はしてもらえず、やられ損です。ひ

［図1］王さんの実家でみつかった中国紙幣元の偽札。

どいときは、数枚もの偽札が売上金の中に混ざっているそうです。店を閉めて精算するまでは偽札の混入に気がつかないということは、お客へのつり札として偽札が払い出される可能性もあるわけで、まさにトランプのババ抜き状態。その日の偽札は全部で五枚、西暦二〇〇五年の百元、五十元、二十元、西暦一九九九年の十元、西暦一九八〇年の十元。何れも当時の偽造防止技術はコピーされていて、すかしやセキュリティ・スレッドなどは当然のよう存在しています。

偽百元札を解析したところ、所謂コピー品のSクラスを超える出来栄えの偽札です（図2・3）。素人にはどちらも「中国の紙幣に見える」程度のことしかわからず違いを見抜くことは困難です。実際に本物と偽札を近くで見てもその紙質である手触り、色、厚みに違いを見つけることはできません。見慣れない国の紙幣を一瞬見せられてもそれが本物なのか偽札なのか判断することは無理でしょう。隣国でありながらその実態については殆ど情報もなく、聞く相手もいないのが普通です。

偽札情報が乏しいことについては、中国も日本も同じです。また紙幣に採用されている偽造防止技術についても、日本の円と中国の元ではそうは変わりません。ポイントさえ押さえておけば中国だけでなく、日本やその他の国の外国紙幣をチェックするのにも役立つと思います。

まずは手始めに十倍程度のルーペを使って比較しましたが、どの偽造防止技術も本物と同じように偽札も作り込まれていて、簡単には真贋を判断することはできません。そこで二十倍から二百倍までクローズアップ写真が撮影できる接写専用CCDカメラを使って、撮影したものと比較してみることにしました。

検証するのは中国紙幣、西暦二〇〇五年の百元札で、十か所のポイントをチェックして、本物と偽札、複合機のカラー複写（以下複合機）とカラーインクジェットプリンタの複製（以下プリンタ）の両方か何れか一つをクローズアップ撮影し比較しました。

［図２］中国の百元紙幣、表面。上が本物で下が偽札。

［図３］中国の百元紙幣、裏面。上が本物で下が偽札。

### (1) マイクロ文字

偽造防止策としては定番のマイクロ文字、写真は中国人民銀行の「中」の文字にクローズアップしました（図4）。一番上の本物と比べて二番目の偽物はやや薄く輪郭があいまいでシャープさにかけます。三番目の複合機はマイクロ文字がかけています。四番目のプリンタはまったく再現されていません。

結果……Sクラスの偽札ならマイクロ文字は再現されていると考えていいでしょう。偽造防止策としてはプリンタで作った素人細工を鑑別する程度でしか利用できないようです。

### (2) すかし（肖像）

世界中多くの紙幣で利用されている偽造防止技術の基本がすかしです。光に紙幣をかざして見るだけで素人にも真贋判定できるポイントで、複写機やイメージスキャナではすかしを取り込むことも印刷することもできません。簡単に真贋判定できるポイントなので有効に思える技術であってほしいのですが、実際は完全に複製されていました（図5）。それだけではなく、本物よりも偽札の方が輪郭ははっきりしています。本物は少々ぼけているようにも見え、比較するとむしろ偽札の方が本物らしく見えます。複合機やプリンタではすかしを再現することは全くできませんでした。

結果……Sクラスの偽札ならすかしは再現されます。先のマイクロ文字と同程度と考えていいでしょう。

### (3) すかし（額面）

紙幣表面左下には額面のすかしがあります。百元の場合、光に紙幣をかざすと「100」の文字が見えます。本物は、文字の輪郭も綺麗に見えているのがわかります。偽札で肖像の時とは違いをはっきりと見る

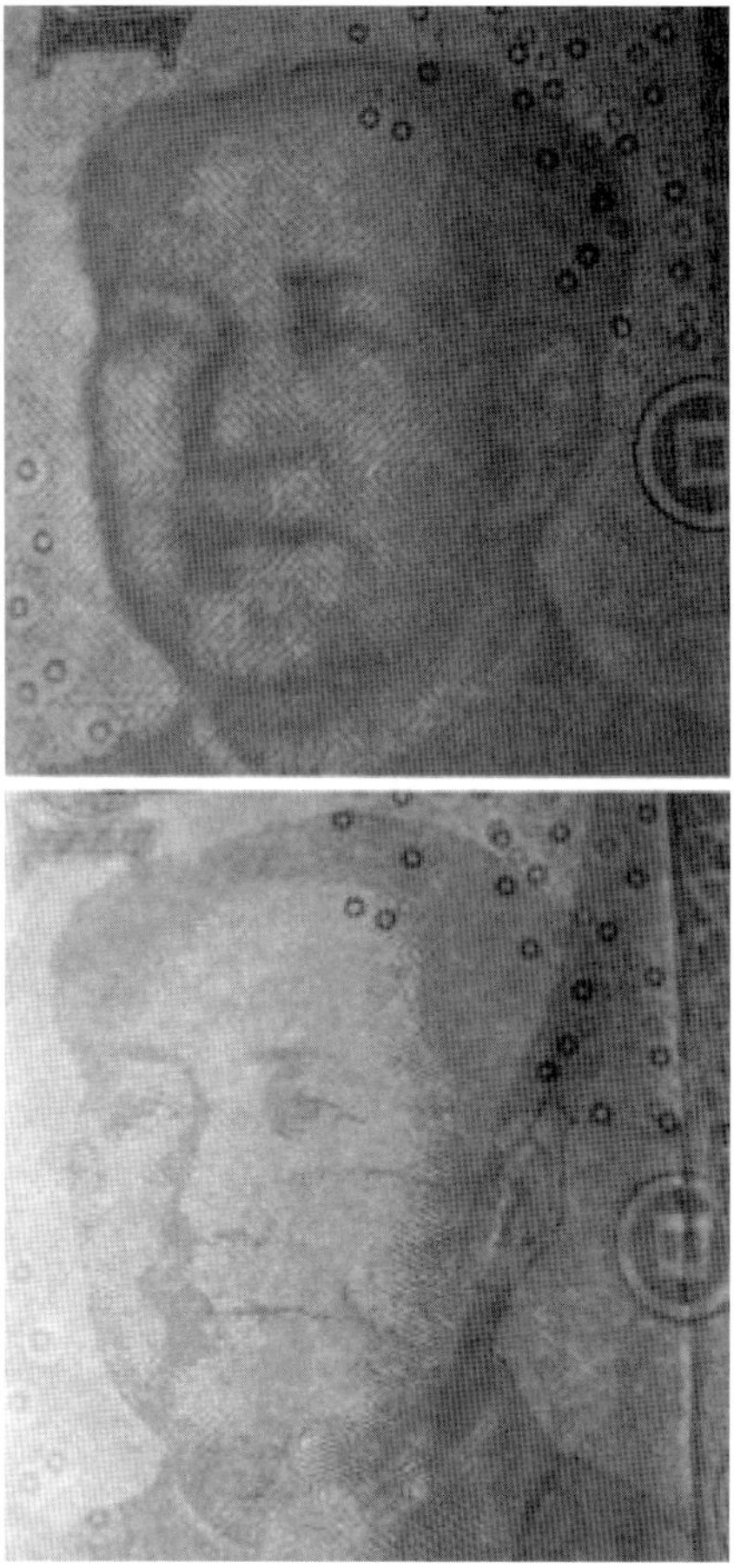

［図５］上が本物、下が偽札。中国の偽札はすかしも複製されているので真贋判定要素にはならない。

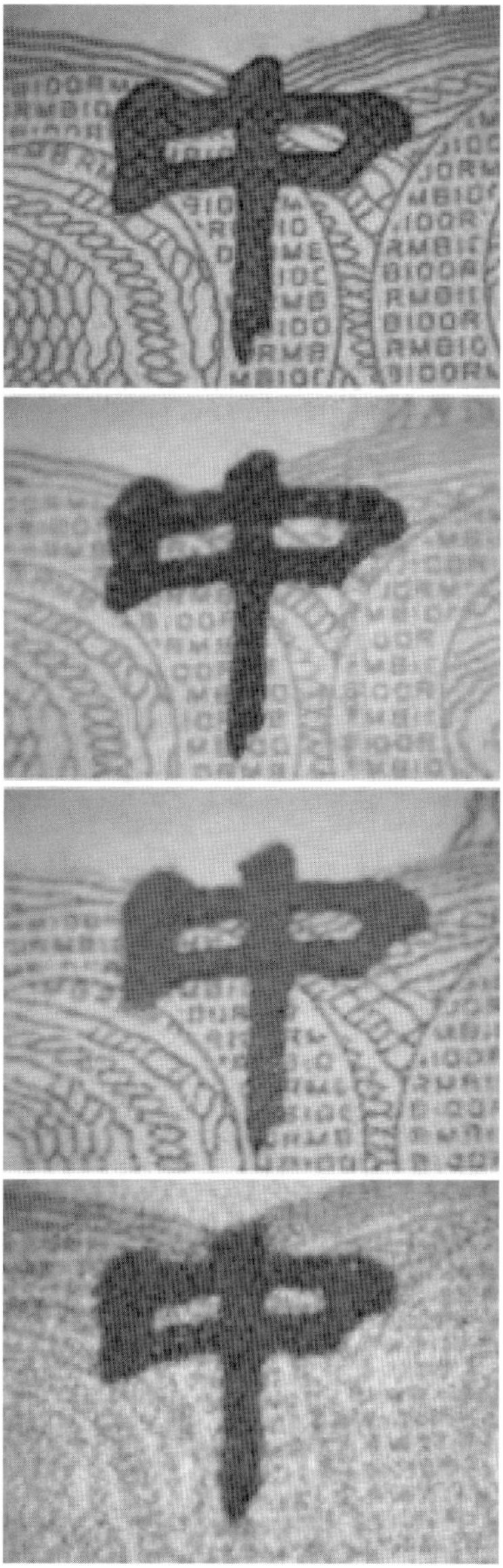

［図４］偽札はマイクロ文字が再現されている。本物と比較しても、違いを見つけるには訓練が必要だ。

ことはできません（図6）。上から三番目は机の上に紙幣を置き、光に紙幣をかざしていないときの本物で、当然すかしは見ることができません。ところが一番下の偽札は光にかざさなくてもうっすらと「100」の文字が見えます。この額面がすかしであることを知らない人は、光にかざさなくても見えている方を本物と勘違いしてしまう可能性もあります。もちろん、複合機やプリンタで作られたコピーではすかしが再現できません。

結果……額面を表示しているすかしは、「本物は光に紙幣をかざしたときだけ透けて見えます」などのコメントがない限り素人は勘違いをするかもしれません。

**(4)　カラーシフティング**

見る角度によって色が緑から暗い緑へ変化します。本物は数字の内側に書かれている白の線がとても綺麗に描かれているのに対して、偽札は線がとても不鮮明です（図7）。さらに傾けても色が変わることはありません。但し、肉眼で正面から見たときの色合いや手触りは似ています。複合機やプリンタで作ったコピーに至ってはまったく再現されていませんし、もちろん傾けても色が変わることはありません。それでも肉眼で見ると同じような色に見えます。

結果……傾けると色が変わることを知らなかったらSクラスの偽札は本物の紙幣と勘違いするかもしれません。

**(5)　安全線（セキュリティ・スレッド）**

安全線とは紙幣に埋め込まれた金属リボンで、紙幣の裏面から見るとホログラムで「¥100」の文字が

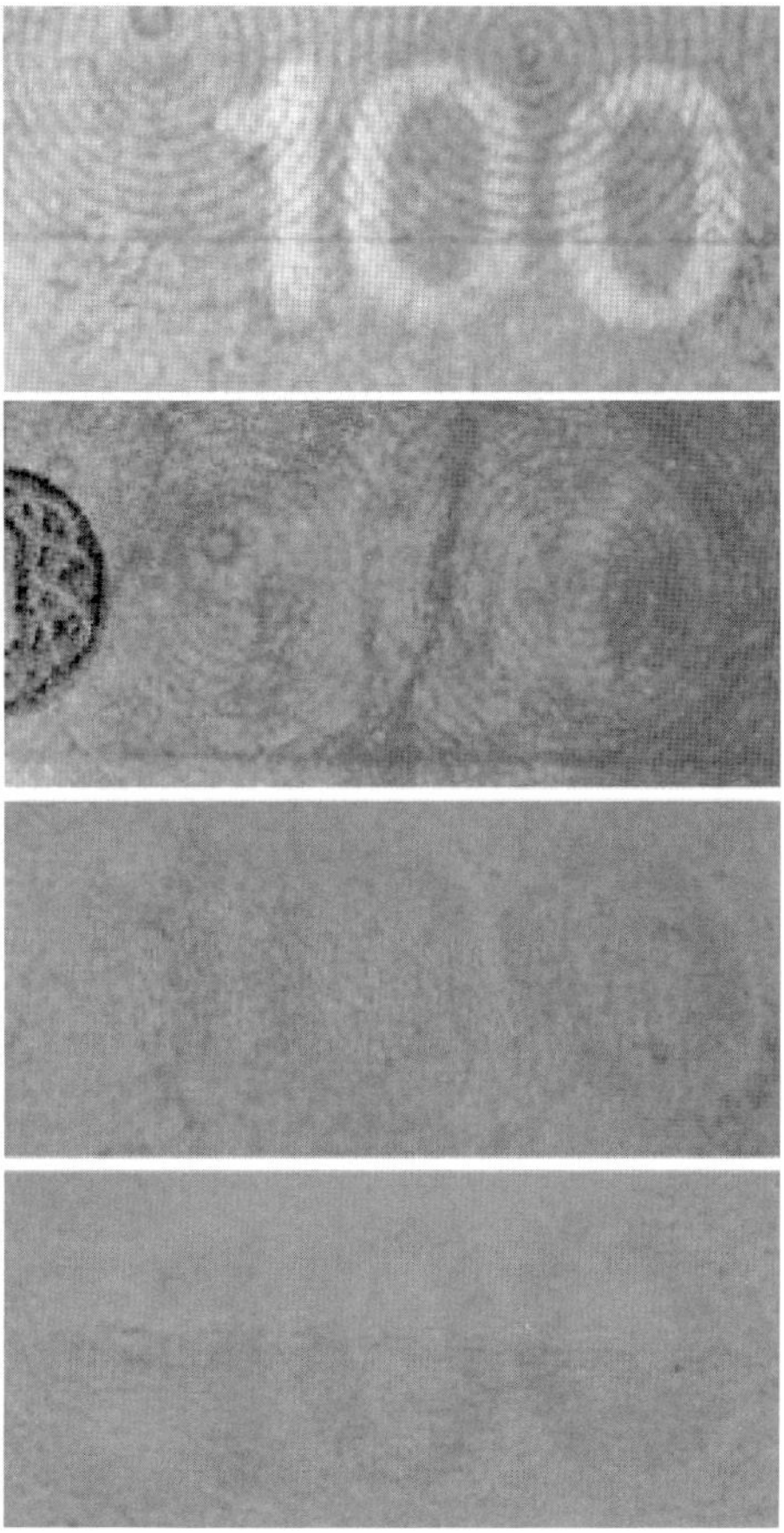

［図6］一番上は本物を光にかざしたすかし。二番目は偽札を光にかざしたすかし。三番目は光にかざさない本物、一番下が光にかざさない偽札。一番上は「100」の文字がはっきりと見える。輪郭が綺麗なものが本物だと仮定するなら、前述の肖像のすかしは、偽札の方が本物らしく見えてくる。

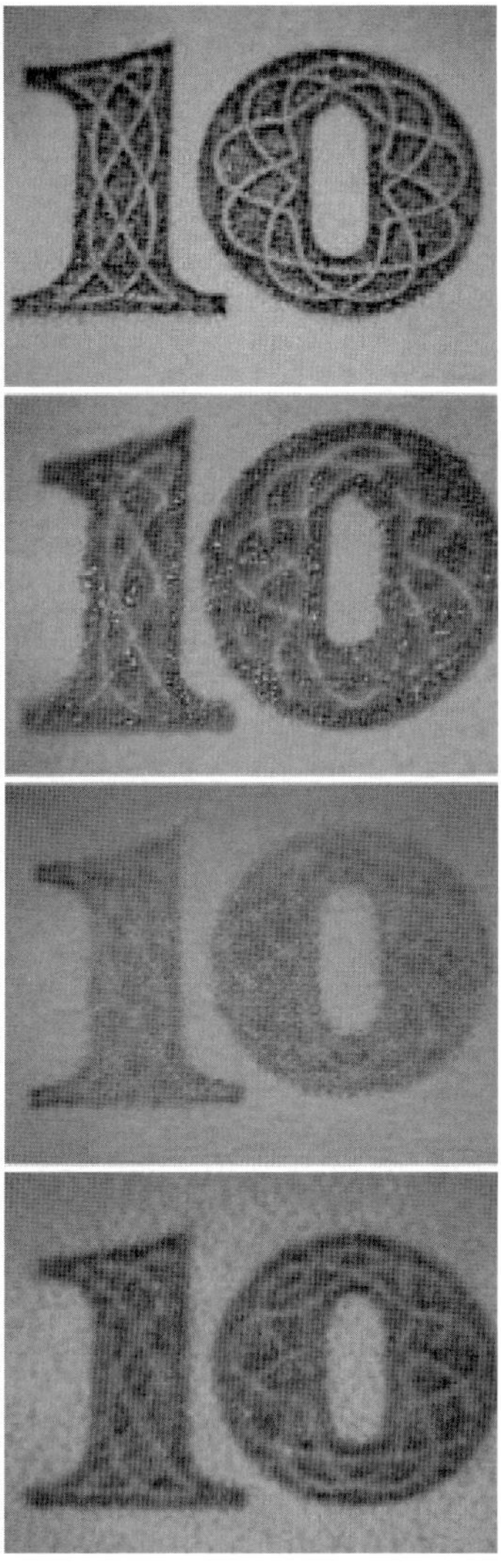

［図7］一番上が本物、二番目が偽札、三番目が複合機、四番目がプリンタ。見た目の色合いだけならどれもそっくりである。見る角度を変えれば本物は色が変わり、その他は色が変わらないので違いを見つけることはできる。

プリントされています。光の向きでキラキラと光り、「¥100」の文字は見えたり見えなくなったりします。表面からは、金属リボンが埋まっている陰しか見えないので、本物も偽札も同じに見えます。安全線は必ず表面と裏面の両方を確認する必要があります。接写撮影すればその違いをすぐに確認することができますが、肉眼で見る限りは差異を確認することは難しいでしょう（図8）。複合機やプリンタではホログラムを再現することはできません。

普通、安全線にホログラムがあれば、そのホログラムを真贋判定のチェック要素として気にすると思いますが、ホログラムの出来不出来だけでなく、光に紙幣をかざして安全線をチェックする方法もあります（図9）。光にかざしてみると本物は黒い線が一本見えます。ところが偽札の安全線は波線に見えます。プリンタは表面と裏目に印刷のずれがあるので安全線が太く見えます。本物が一本の黒い線になっているのは、安全線が紙幣にすき込まれているためです。偽札は、表面は薄い印刷が施され、まるで安全線が埋まっているかのように見せています。裏面はホログラム風を摸倣するためにラメのように「¥100」の文字を一定間隔で印刷しているので、光にかざすと波線に見えたようです。

結果……ホログラムだけで真贋判定要素とするのは難しいでしょう。光に紙幣をかざして、波線になっていないか確認するなどチェックには合わせ技が必要です。

### (6) 特殊インク

照明器具など可視光線の下では見ることができませんが、室内を暗くして紫外線をあてると「100」の文字が青白く光って見えます。本物と偽札を比べても正直よくわかりません（図10）。強いていうなら紙質の特徴から本物は輝度が高く、偽物の輝度はあまい感じがします。

［図9］
光にかざして見た安全線。一番上が本物、二番目が偽札、三番目がプリンタ。本物の紙幣だけが細く濃く一直線の陰として見える。

［図8］裏面から見た安全線。一番上が本物、二番目が偽札、三番目が複合機、四番目がプリンタ。キラキラと光る本物と偽札、一目で違いを見つけるのは難しい。

結果……「100」の文字デザインは本物も偽物も日本人の目から見ると綺麗にできているとは言い難く、両者ともに青白く光るため真贋判定の要素にはならないでしょう。

複合機とプリンタは特殊インクが使われていないために紫外線をあてても反応はでません。

### (7) 合わせ模様

合わせ模様とは表面左中央または表面左下側にある丸型のデザイン（古銭をモチーフにしたもの）、光に紙幣をかざすことで表と裏のデザインが重なり古銭図案になります。複合機やプリンタではどうしても表と裏の印刷にズレが生じます（図11）。

結果……表と裏でズレが無ければ真券である証明としたかったのでしょうが、残念ながら偽札もズレはなく図案はぴったりあっているので、素人目には真贋判定は難しいでしょう。

### (8) 潜像模様

表面右上にある「100」の額面すぐ下にある彩紋模様を光のある方に向け斜めから見ると模様の中に数字の「100」の文字が見えてきます。本物と偽札を比較すると本物の方がやや輪郭がシャープです（図12）。でも肉眼ではその違いから真贋判定することはできませんでした。プリンタは、潜像模様以前に、彩紋模様としても不十分です。

結果……複合機やプリンタで作られた偽札であればチェックできますが、Ｓクラスの偽札を真贋判定することは難しいでしょう。

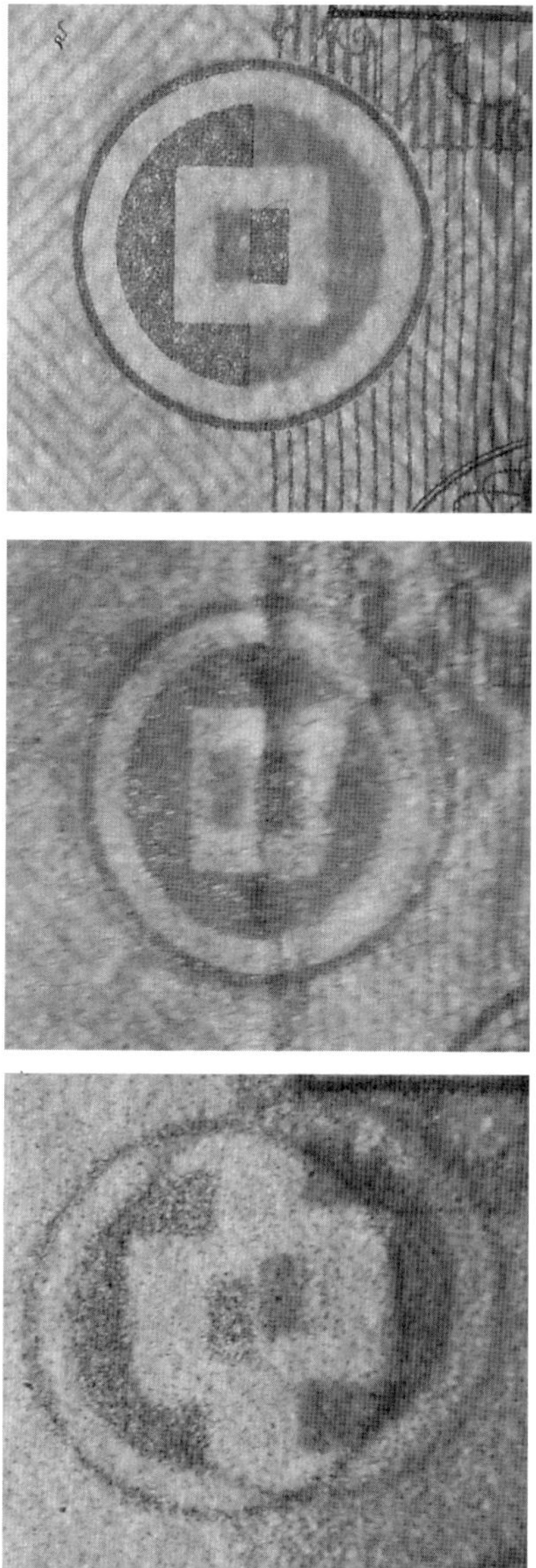

［図11］一番上が本物、二番目が偽札、三番目がプリンタ。本物と偽札の違いを見つけるのは困難だ。

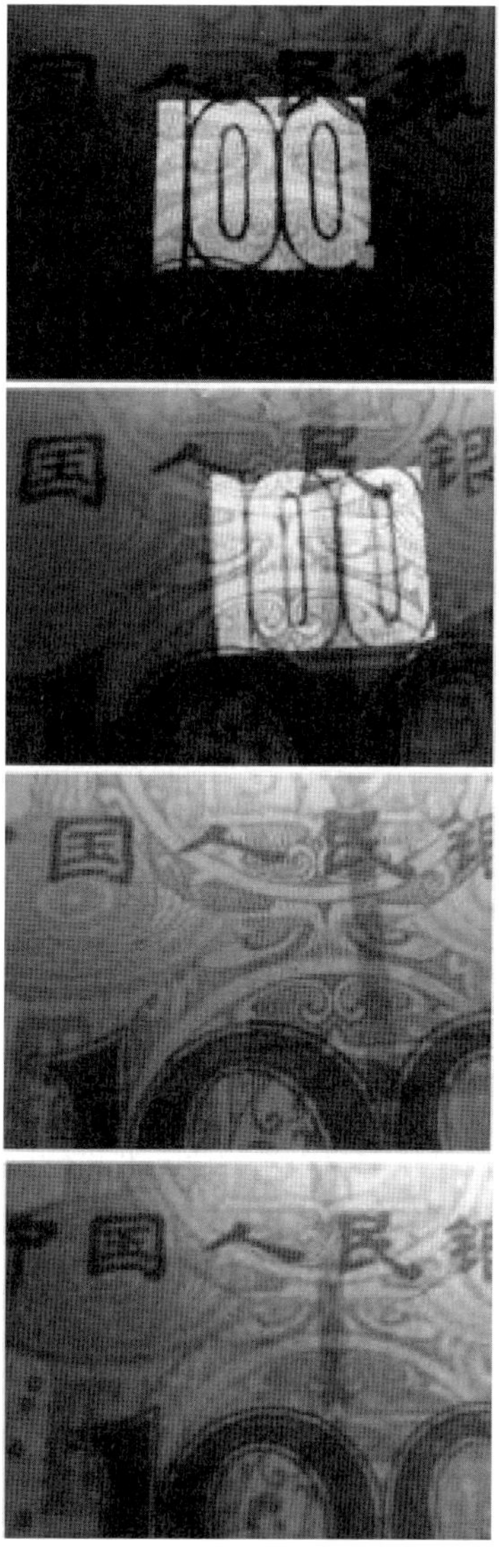

［図10］紫外線をあてた紙幣。一番上が本物、二番目が偽札、三番目が複合機、四番目がプリンタ。本物とSクラスの偽札に違いを見つけることは困難だ。

### (9)　毛紙

部屋を暗くして紫外線（ブラックライト）をあてると短い毛がすき込まれているのを確認することができます。本物にも偽札にもそれらしき反応が見られます（図13）。偽札をよく見ると、それは糸や毛ではなく、どうやら書いたように見えます。すき込んでいるのではなく、紫外線に反応するようなインクで糸のように書き加えたのではないでしょうか。残念ながら素人目には真贋判定することはできないでしょう。もちろん複合機やプリンタで印刷されたものには毛紙はありません。

結果……複合機やプリンタで作られた偽札であればチェックできますが、Sクラスの偽札を毛紙で真贋判定することは難しいでしょう。

### (10)　凹版印刷

古今東西、紙幣の随所に利用されるのが凹版印刷ですが、偽札には凹版らしき印刷は一か所もありませんでした。いままでチェックした中でたった一つ有効だと思われるのが凹版印刷のようです。百元紙幣にも随所に凹版は利用されていますが、目立つ場所として、表面上にある「中国人民銀行」、その下にある額面「100」の文字、さらに下にある漢字による額面「壹百圓」の文字、そして右端にある十二本の並んだ線が凹版です。今回チェックポイントとして選んだのはこの十二本の線。

本物と偽物では見た目に違いはありませんが、触ればインクの盛り上がりを指で感じることができます。偽札は凹版印刷がありませんから指で触っても盛り上がりを感じることはできません。中国人民銀行のホームページには、この十二本を指で触れば真贋判定ができると書いてありました。

（中国人民銀行のホームページ　http://financE.Sina.com.cn/g/20050830/18201928729.shtml）

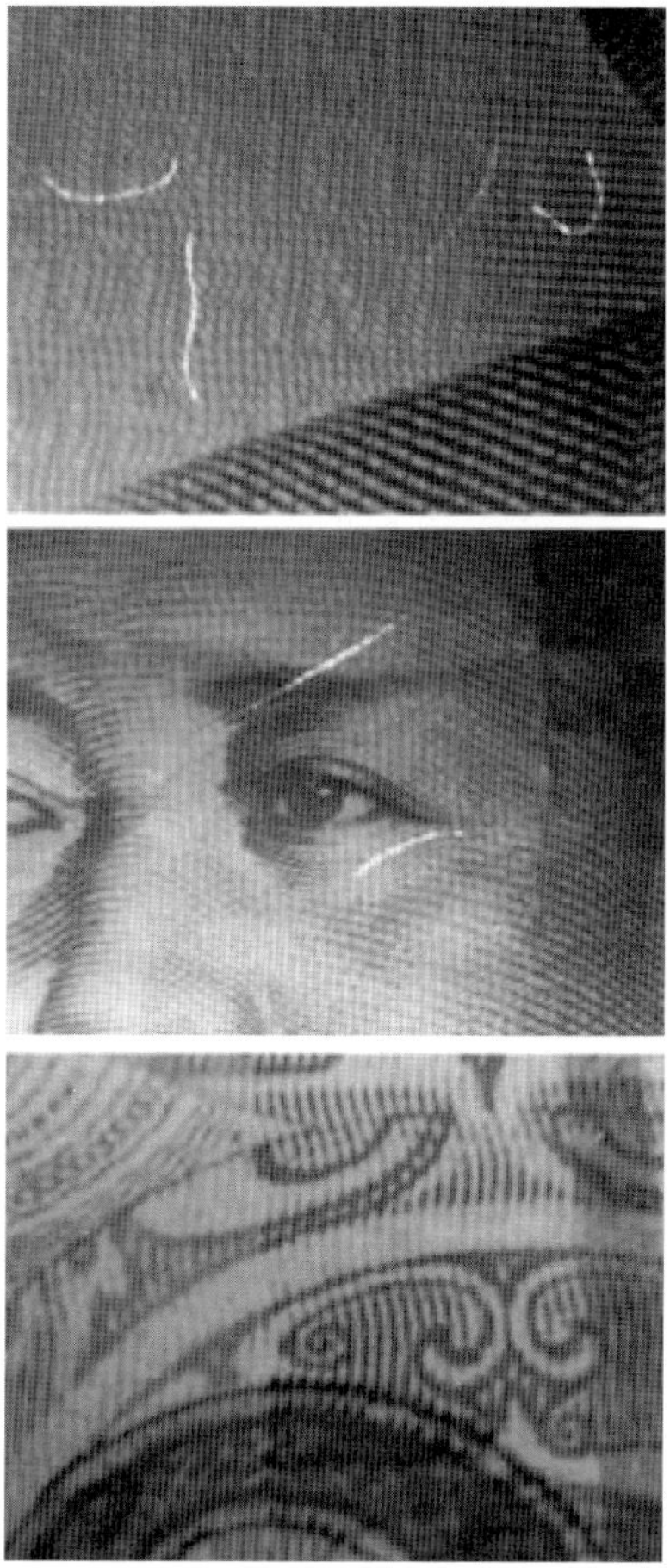

［図 13］一番上が本物、二番目が偽札、三番目がプリンタ。本物と偽札の違いを見抜くのは難しい。

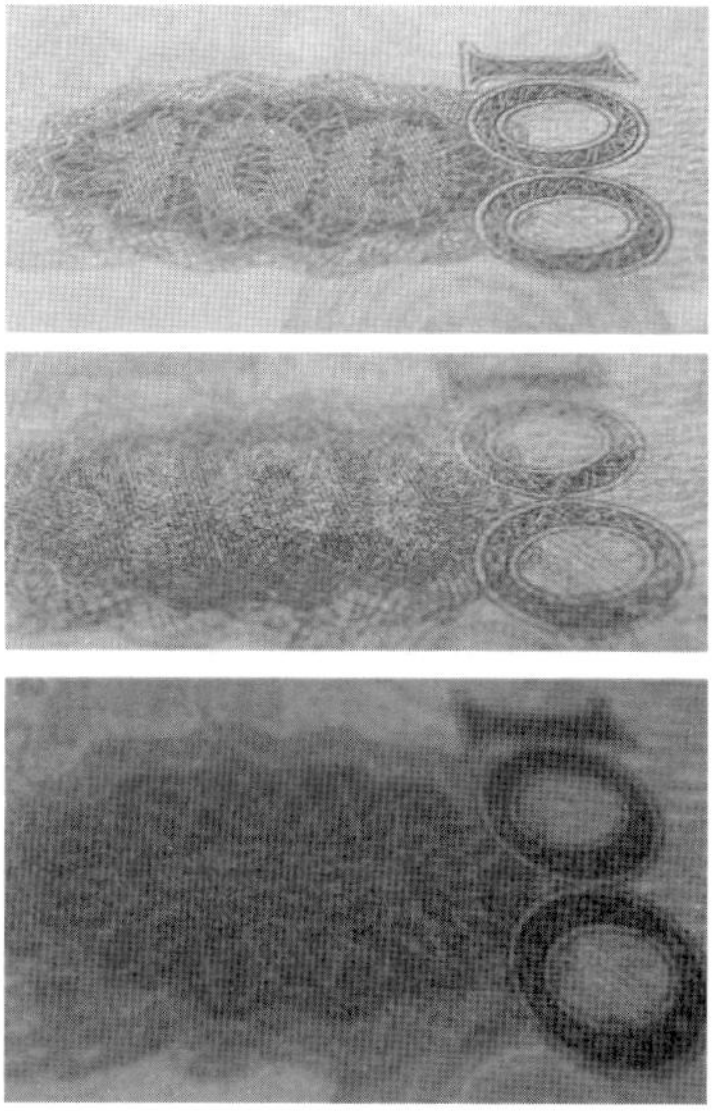

［図 12］一番上が本物、二番目が偽札、三番目がプリンタ。本物と偽札を比較してもその違いを探すことは難しい。

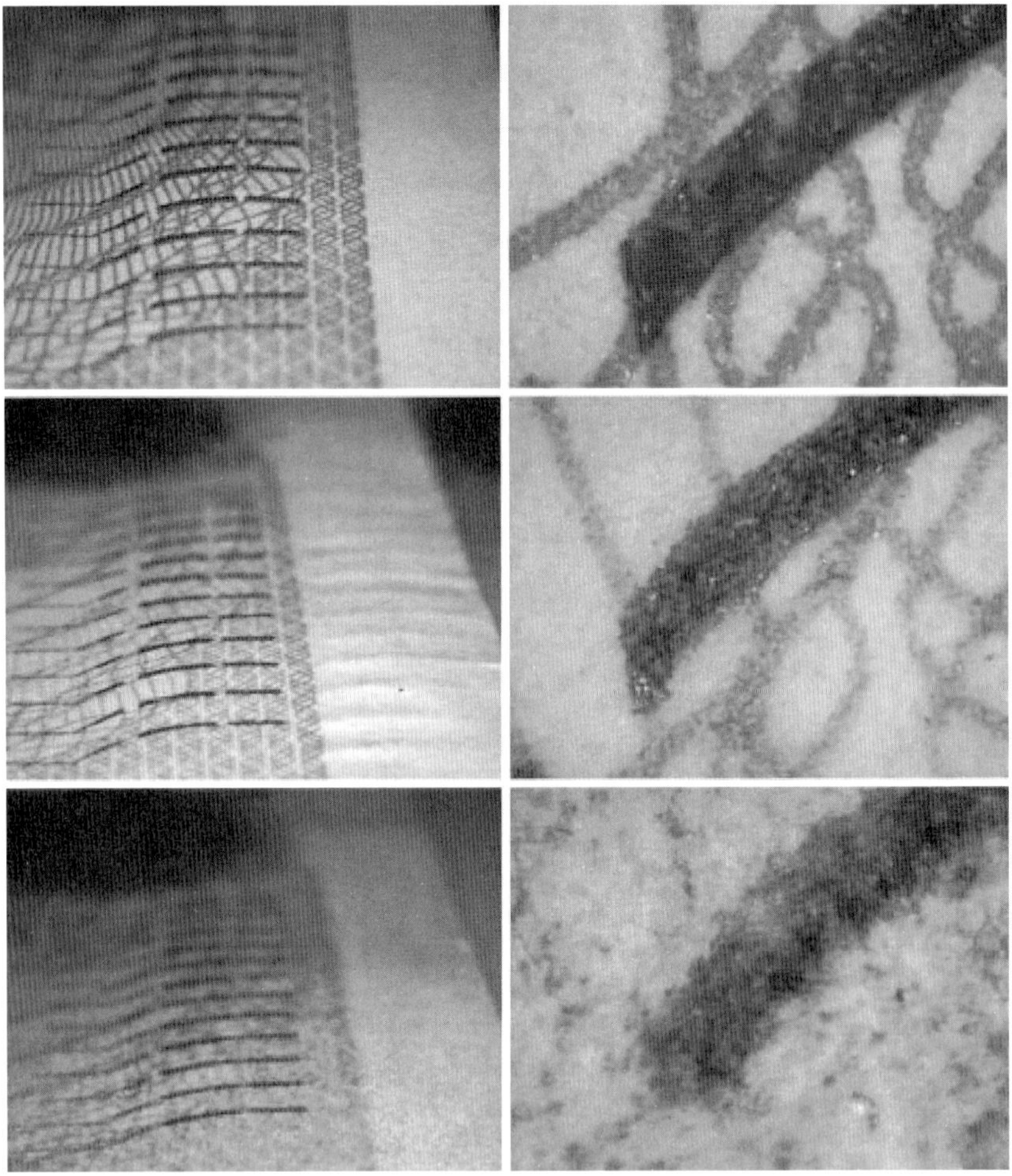

［図 14］一番上が本物、二番目が偽札、三番目がプリンタ。右側の列は十二本の線のうち一本をクローズアップした。本物は線に盛り上がりがあるが、偽札やプリンタには盛り上がりはない。

ところが偽札には、この十二本柄の近くに十二本の折り目（しわ）がありました（図14）。指で触ると凹版の感触を得ることが出来ます。要するに偽札製造グループは、中国人民銀行が提供している真贋判定の提供を知り、対抗するために十二本の折り目を付けたものと想像できます。当然ですが、写真最後のプリンタによるコピーは凹版のようなインクの盛り上がりを指で感じることはできません。

結果……凹版がもっとも簡単で、道具や熟練も必要のない偽札鑑別方法です。

人の目をごまかす偽札は、日進月歩と言って間違いありません。今回は独断で中国の百元紙幣をSクラスと評価しましたが、すぐにSSやSSSクラスが登場するに違いありません。

現在、世の中の偽札の殆どはこの凹版部位を探してチェックすることで真贋判定ができると思われます。但し、それは今だけの話なのかもしれません。

## 二、機械を騙す偽札

本物の紙幣で、かつ適切な紙幣が紙幣識別機に入れられたとき、例えば千円札用の自動販売機なら千円札だけを受け付けるような仕様で、千円札を入れ商品を買ったとします。これを正常に動作したと表現することにして、もし偽札を入れて商品が買えたらそれは誤動作なのでしょうか。本物の紙幣ではないのに動作したのですから誤った動作をしたことになり、誤動作という表現は正しいように思えます。ところが、紙幣識別機からみると決して誤動作をしているのではありません。むしろ設計されたとおりの動作をしているだけで、偽札が本物と同じ紙質を持っていたからこそ動作したと言い切れるのです。

その昔、ある紙幣鑑別機を作っているメーカの技術者がこんな事を言っていました。「偽札を入れて鑑別機が飲み込んだのなら、それは本物ですよ」「本物と同じだからこそ真と判定したのです」と。私は白黒コピー機で磁性体を付着させ和紙にサインペンを使いアメリカドル紙幣柄を摸倣した紙を作りました。摸倣といっても見た目にはこだわらず、電気的センサが本物と判定するように作り込んだ紙なので見かけはひどいものでしたが、この紙を紙幣鑑別機に通過させたところ見事にスルーしたわけです。それを見ていた技術者の言い訳が「それは本物ですよ」というお話です。もちろん、偽札は本物ではありません。当然この発言は冗談なのですが、私には気持ちが伝わったような気がしました。

メーカの技術者が言いたかったのは、センサが感知しているものは、センサが感知できるものであるという当たり前の事がいいたかったのです。つまり、磁気ヘッドは磁性体を感知するために作られたセンサです。本物でも偽札でも磁性体が付着していれば磁気ヘッドは反応します。光センサも同じで紙幣を透過して判定する透過式の場合、光源の反対側で受けた光センサは、透過したものがどのようなものであっても、透過レベルを測定するだけなのです。

先の技術者の話は、「センサが受け取った電気量が基準値と同じであれば、それを本物としようと約束ごとをして設計しているだけ」「ほんとうに本物なのかは機械ではわかりません」と白旗を上げたい気分の言葉だったのだろうと推察しました。

紙幣識別機が何をもって本物と判定するのかがわかれば、誰にでも機械を騙す偽札は作れてしまうと言うことです。

平成二二年七月現在、流通紙幣の殆どはE券と呼ばれるシリーズの紙幣で、千円札は野口英世、五千円札は樋口一葉、一万円札は福沢諭吉です。このシリーズになってから機械を騙す偽札は激減しました。理由は簡単で現在の紙幣識別機はE券の何を以て本物と判定しているのか、また、その判定を利用した偽札の作り方が情報として世の中に出ていないためです。この状態が続いてくれれば、永久に自販機荒らしのような機械を狙った犯罪はなくなります。

少々前のお話になります。平成一三年（西暦二〇〇一年）夏頃、突然大量の機械を騙す偽札が世の中を騒がせました。自動販売機、駅の券売機、パチンコ店やゲームセンタの両替機、関西や関東で見つかった偽札は、見た目にはひどく赤みがかかり、白黒複写された上にカラーインクジェットプリンタで多重印刷されていました（詳細は第一章）。この偽札はシリーズD券で、千円札は夏目漱石、五千円は新渡戸稲造、一万円は福沢諭吉でした。このD券が使われた機械を騙す偽札は、白黒複写にカラーインクジェットプリンタの多重印刷で出来た実に単純なもの、そのようないい加減な偽札でも機械を騙せた理由は一つしかなく、その理由の原因を作ったのは二つの要素によるものでした。

## (1) 機械を騙せた理由

紙幣識別機は、本物の紙幣をデジタル情報としてサンプリングしプールしています。「これが本物の紙幣です！」という見本のような情報を持っているという意味です。紙幣識別機に入ってきた紙幣とサンプリングされている情報を比較して同じであれば本物と判断します。ここで言う「同じ」とは、似ている度合いが百パーセントという意味ではなく類似しているという意味であり、その度合いが規定を満たしていれば本物であり、同じであるとしています。

この類似の範囲を許容範囲といいます。許容範囲はサンプリング情報と入ってきた紙幣の比較ポイントをチェックし、例えば七割以上合致しているなら合格にするような割合だと考えてください。もし、この許容範囲を狭める、つまり合致する率を七割から八割や九割にすると今度は本物の紙幣までもを受け付けない可能性がでてきます。その理由を次に説明しましょう。

### (2) 紙幣の劣化

紙幣は印刷局から日銀と銀行を経由して我々の手に渡ります。受け取った紙幣は財布の中に入ります。折りたたまれることもあれば、そのままポケットに折りたたまれて収まることもあるでしょう。雨に当たれば濡れもします。人の手を介して流通する紙幣は、手垢による汚れ、折れ目やシワでダメージを受け続けます。長期に渡り使われている紙幣は、くしゃくしゃで、コシの無い紙幣もあります。これらダメージのある紙幣が紙幣識別機の中に入ったらどのようになるのでしょうか。実際にテストするのも簡単です。経年変化による劣化を再現してみましょう。折り目を沢山つけ、シワクチャにしてから自動販売機に通るように平たく伸ばして使ってみてください。自動販売機が受け付けず戻ってくる率が極端に高くなります。

許容範囲外の紙幣は、本物であっても類似率が下がるので紙幣識別機から拒絶されてしまいます。劣化の度合いはまちまちで百枚紙幣があれば百種類の特徴があり、個体差があると言えます。

紙幣識別機の殆どは光源からの光を紙幣へ透過させ反対側の受光素子で光量を測定します。紙幣に柄が印刷されていなければ光源からの光は、紙幣の紙厚だけの理由で光量が決まります。また印刷されている箇所をセンサで受光すれば、紙厚とインクが光を遮ることになるので、紙厚だけのときよりは減光します。印刷したての紙幣であれば、柄があるところと無い（印刷されていない）ところの違いだけなので、紙幣差による許容範囲は極めて狭いものになります。ところが流通過程において、紙幣に汚れが付着すると紙厚とインクに加えて汚れの分だけ透過率が減少します。またシワがあれば、光は乱反射することになります（図15）。

柄の有無だけをチェックしていると劣化紙幣はサンプリングとの比較で類似ポイントが減少、その結果、紙幣識別機は本物であったとしても不合格の判定をし、拒絶された紙幣は機械の外へ排出されてしまいます。紙幣を入れても戻ってくる経験がある人も多いことでしょう。汚れた紙幣が使えないのではとても不便です。紙幣識別機は、多少汚れた紙幣でも使えるように、その許容範囲を広げることで劣化紙幣に対応しています。

### (3) 紙幣の模倣

白黒コピーとカラーインクジェットプリンタの多重印刷で作られた偽札は、見た目に汚く一瞬で偽札と分かりますが、光センサや磁気センサから見ると、それはまるで劣化した紙幣と同じでした。本物の紙幣、特に新札（ピン札）と、この偽札は類似性で完全一致することはありませんが、流通過程において三年から四年ほど経過した劣化紙幣と同じ紙質を持っていることが分かっています。

素人がパソコンで作った偽札が本物の紙幣の劣化状態と同じであったと言うことは、紙幣識別機から見れば、その許容範囲内に入ってきたからこそ、本物と判定したことになります。

もし、偽札を拒絶するために許容範囲を狭めれば本物の劣化紙幣も使えなくなってしまいます。

平成一三年（西暦二〇〇一年）十月、日銀は緊急対策として、流通している新札の割合を増やし、劣化紙幣を回収する対策に乗り出しました。最近の紙幣がどれも綺麗なのは、日銀が汚れた紙幣を積極的に回収しているためです（図16）。

日銀のクリーン度を上げる対策で紙幣識別機メーカは何れも許容範囲を狭めることができるようになり

ました。その結果、劣化紙幣は無くなり、許容範囲を狭めた紙幣識別機の登場で、D券による白黒コピーとインクジェットプリンタによる多重印刷で作られた偽札を使うことは出来なくなりました。

しかし油断は禁物です。最新鋭の設備と当時最先端の偽造防止技術をもって作った紙幣ですが、それはあくまでも人を騙す偽札の複製防止技術です。肉眼では見えにくいマイクロ文字、コピーしても再現できない微細な線で印刷された彩紋模様、見る角度で図柄の中に文字が見えてくる潜像模様は、どれも複製を困難にするための技法。あくまでも人の目で確認するための技法です。紙幣識別機は光センサと磁気センサを使って紙幣の識別をしますが、実は大雑把にしかチェックすることはできません。おおよそですが、一枚の紙幣において光センサがチェックできるのは、センサが紙幣の移動で見ているライン上で数箇所だけ。ましてや微細加工による一ミリの中に何本も刻み込まれている線など検査対象にはなりません。

紙幣識別機において意味が無い偽造防止策ですから、偽札を作るときは意識することもなく無視して作ればいいことになります。

光センサは光の強さしかみません。インクの濃さや紙の厚みに左右されることはあっても、微細な模様や色彩には関係ありません。磁気ヘッドについても磁気反応の場所と強さだけです。磁性体が利用されている場所と濃度がわかれば、白黒コピー機を使って簡単に再現が出来てしまいます。紙幣識別機が磁気センサと光センサだけに頼っている以上、センサに本物に類似した信号を与えれば合格判定することは間違いありません。

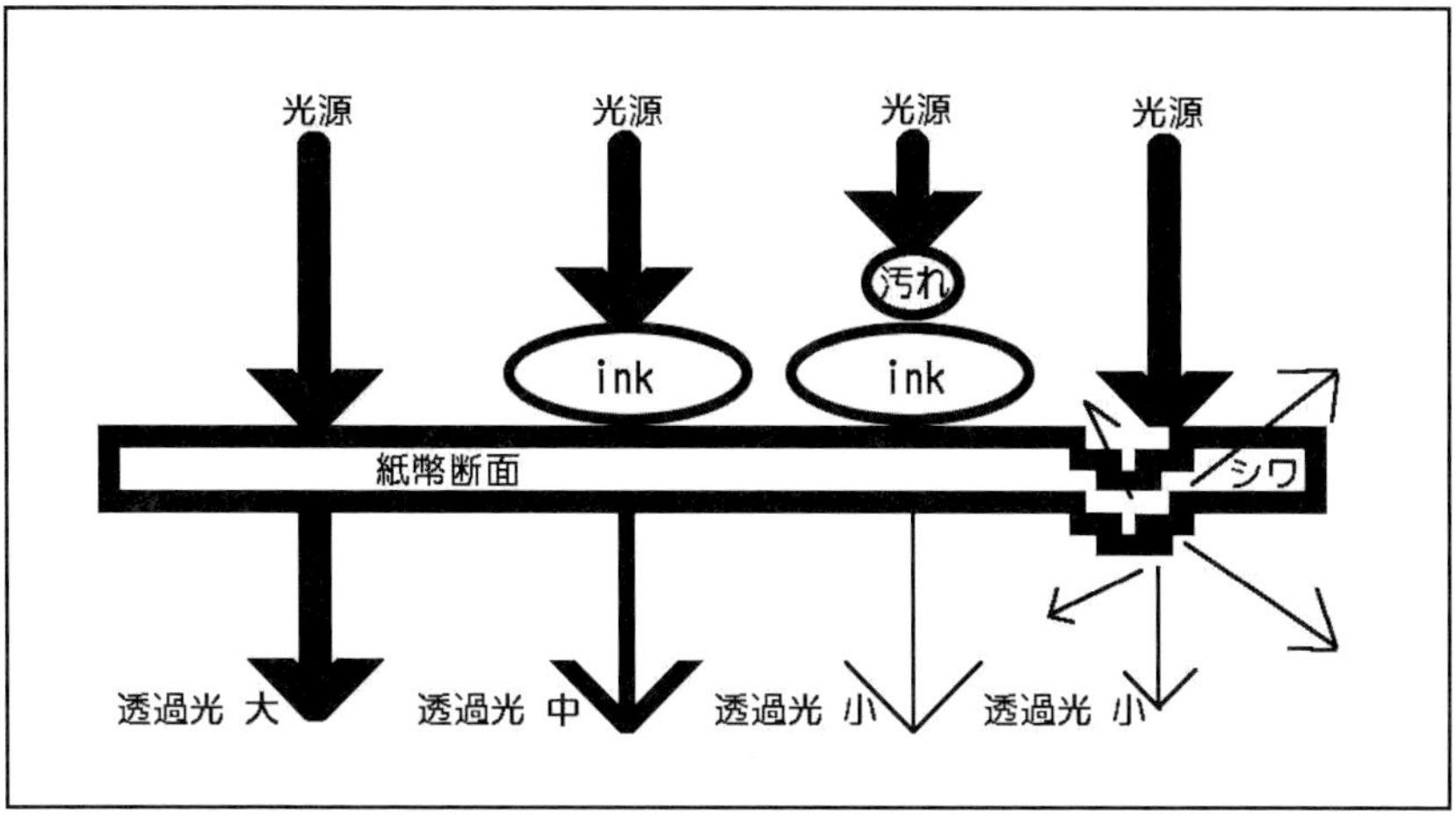


［図15］光をあて紙幣を透過させて裏側で受光する。本来ならば無地にインクの有無だけの違いだけで柄を検出したいところだが、実際は汚れやシワで透過される光量は大きく変化する。

平成13年10月16日　朝日新聞

## 増やせ新札 偽札減らせ

### 日銀 出荷調整、機械の精度アップへ

関西や首都圏で相次いで偽札が発見されたことを受け、通貨の発行元である日本銀行が、緊急対策に乗り出した。流通している紙幣の新札の割合を上げ、機械が真贋の判定をしやすいようにする。偽札事件に対応して、日銀がこうした対策に乗り出すのは初めて。

日銀は続発する偽造事件に「通貨の信認にかかわる問題だ」と深刻な認識を示している。

15日に財務省理財局長と日銀発券局長が連名で、全国銀行協会に対策への協力を要請する文書を送った。防衛策としては紙幣の新品度（クリーン度）を上げるため、日銀から市中銀行に出す中古のリサイクル紙幣を抑え、新札の割合を高める。出荷段階で新札の割合を千円札で従来の35%程度から50%程度に、1万円札で15%程度から25%程度に引き上げる。

自動券売機などの真贋の判定の精度を上げると、本物でも汚れた紙幣がはじかれる。このため、汚れていない紙幣を増やして、判定精度を高めることにした。

今年に入って偽札はすでに千枚以上、例年の3倍を超える。特に9月以降、関西や首都圏の駅の自動券売機で、偽札が相次いで見つかっている。

［図16］
平成一三年一〇月一六日の朝日新聞記事

# 第五章　安全神話の崩壊

## 一、自動販売機大国ならではの犯罪

自動販売機設置数では世界のトップクラスにいる日本。風雨にさらされた路上でも安定動作する自動販売機は強固なだけではありません。車イスでも使えるように操作位置を低くするなど人に優しいデザインもあります。また省エネ設計で消費電力は過去十年で半分になりました。地震の多い日本では耐震性も要求されていて、設置基準をクリアしていなければいけません。たばこと酒の自動販売機においては、未成年者への喫煙・飲酒を防止するための工夫もされ「成人識別機能付たばこ自販機」は既に導入が完了されています。

さすが自動販売機大国の日本、細かい配慮を怠らない自動販売機ですが、何よりも治安の良さが自動販売機大国にしているのではないでしょうか。大都会の真ん中なら二十四時間人通りもありますが、一歩住宅地に入れば深夜の自動販売機はまるで孤独で放置された機械のようです。数分もあれば犯罪者のターゲットになりそうな自動販売機に思えるのですが、実際安全なのでしょうか、それとも安全な場所と危険な場所があるのでしょうか。

ある自動販売機内に設置されている防犯ブザーを駆動するための電池。よく見ると電池は腐食し液漏れしていました。自動販売機が設置されそのまま十年近く経過した状態です（図1）。

この乾電池を見る限りでは犯罪そのものとは無縁に思えます。安心した日々をおくっているため防犯意識が低くなっていたのでしょうか、それとも防犯ブザー自体が無意味な存在なのでしょうか。

自動販売機に設置されている防犯ブザーの仕組みは簡単です。まず、自動販売機の鍵を開けるとドアレバーが飛び出してきます。よく見るとその内側には白い小さいボタンが隠れています。これが防犯ブザーの解除スイッチ（図2）。正しく鍵を使ってドアレバーが飛び出せば防犯ブザーは解除され、ドアを開けてもブザーは鳴りません。もし、解除ボタンを無視して切らないままドアをこじ開けようとすればたちまち防犯ブザーが鳴り出す仕組みです。鉄で出来たドアをこじ開けるなんて、そう簡単にできるものではありません。大きなバールを使ってこじ開けるにしても時間はかかるでしょう。音が出れば近隣からの通報で警察が飛んでくるのは目に見えています。

大きな抑止力を持った防犯ブザーに思えますが、本当はあまり効果がありません。そもそも犯罪者はバールなんて使わず充電式の電気ドリルを使うからです。犯罪者は電気ドリルのドリル先端をドアレバー中央にある鍵穴へドリルをあてドリルを高速回転させ、鍵穴へ一気に押し込んで穴を開けてしまいます。ものの一分もしないで鍵穴であるシリンダー錠は粉砕され穴が開いてしまいます。

シリンダー錠は、回転式になっていて鍵を入れ内部にあるピンが同じ高さになると回転できる仕組み。回転すれば鍵は開きます。そのシリンダー錠そのものが粉砕されてしまうのでドアレバーが飛び出してきます。後は普通の手順に沿ってドアレバーを回しドアを開けるだけ。防犯ブザーへの効果を期待しても、それは心理面で効果があるだけでしょう。

最近の自動販売機は、ドアレバーの鍵だけでは自動販売機荒らしが減らないので、もう一つ鍵を付けるようになりました。それは、これ見よがしとも思える大胆な鎖をつけ、これまた大胆な錠前でロックをしています。深夜、人気の無くなる場所ではもっと極端です。直径五センチを超える太いワイヤで自動販売機を丸ごと覆ったり、壁際に押し込んで自動販売機を鉄パイプのバーで塞いでドアを防御していました（図3）。著者はメキシコとアメリカの国境付近で鉄格子の檻の中に設置されている自動販売機を見たことがあります。治安の程度を想像させる光景でしたが、そのような場所でも自動販売機が必要なのかと疑問に思ったこともあります。

日本国内に約五百五十万台が設置されている自動販売機は、必ずと言っていいくらいその中には現金が入っています。殆どの場合、人がそばで見ていることがなく、監視されていないのが自動販売機の特徴でもあります。自動販売機が純粋に商品を販売する機械であればいいのですが、犯罪者の目から見ると「路上に放置された金庫」にも見えます。セキュリティが軽微な自動販売機は鎖を使った多重ロックもされていません。電気ドリル一つでドアを開けてしまうことができます。自動販売機を設置している方はもう少し防犯意識を高めていただきたいところですが、だからといって銀行やコンビニ並みに防犯カメラで二十四時間監視するのも過剰に思えます。簡単なところでは、硬質キーと呼ばれるシリンダーに取り替えてドリルでも壊れないようにするなどの方法もありますが、力ずくで盗もうとする犯罪者は、自動販売機そのものを破壊してまでも金品を盗もうとします。そうなれば、営業も出来ないほど大きな被害を受けることになります。

自衛手段を講じるにはお金をかければいいだけでもありません。私が目撃した自動販売機詐欺を紹介しますので自動販売機を設置されている方は是非参考にしてください。

それは知人が営んでいる商店の自動販売機。食料品を売りながら店先にはたばこの自動販売機を設置していました。ある日、一人の男性が「たばこの自動販売機が壊れている！」とクレームを付けてきました。知人は男性と少し話したあと自動販売機のドアを開け、中から釣り銭とたばこを男性に差し出しました。後から聞いてみると知人は「やられた、間違いなくつり銭詐欺だよ」と悔しそうな表情。

男性は「千円札を入れたがたばこもつり銭も出てこないし、返却レバーを押しても千円札は戻ってこない！」と言い、知人は自動販売機を開け、紙幣識別機の紙幣が貯まるスタッカーを開けたところ一枚の千

［図１］セキュリティを意識していない証拠に防犯ブザー駆動用の乾電池は腐っていた。

［図２］正しく解錠すればドアレバーが飛び出し、防犯装置は解除される。

［図３］
太い鎖やワイヤ、鉄パイプで守られる自動販売機。

円があったので、機械の故障を否定することも出来ずにつり銭とたばこを手渡したそうです。

自動販売機のメーカ営業担当者は、構造上あり得ないことなので詐欺である可能性が強いとの回答をしたそうですが、あり得ないと言われても「百パーセント」「絶対」の言葉を使って返事できる自信もない知人は、仕方なく対応したそうです。

機械の仕組みから言えば、紙幣は商品が外に出ない限りスタッカーには入りませんから、メーカの言い分も理解できますが、それでも機械のすること。絶対とは言い切れないだろうと対応したのは、日本での客商売であれば納得できるものだったと思います。

知人は過去に二度ほどつり銭詐欺の被害を受けています。現在は自動販売機からの紙幣の取り出しを頻繁にしています。さらに万が一、故障の場合は個人を特定できる証明を提示してもらうこと、折り返しの連絡先が必ず確認できることなどを条件に対応するそうです。

このように自動販売機を使った詐欺行為も発生しているのです。警察沙汰になっていないものが多くあるのだと思われます。著者は、この自動販売機を使ったつり銭詐欺について別の自動販売機設置者に質問したところ当然のように「あるよ」との返事。珍しいことでもないようです。エコを目指してサービス向上に努める自動販売機ですが、設置者側への配慮も考えてほしいところでした。

## 二、二千円札の発行と紙幣識別機の苦戦

紙幣識別機は平成一二年（西暦二〇〇〇年）二千円札の登場で苦戦を強いられることになりました。苦戦の理由を説明する前に、識別機から見た日本の紙幣について説明をしておかなければなりません。

昭和五九年（西暦一九八四年）一一月一日に発行されたのがD券。D券は発行以来二十年もの間使われましたが、急激に増えた偽札もあって平成一六年（西暦二〇〇四年）一一月一日に発行されたE券に取って代わることになります。

D券からE券に変わってからの大きな特徴は、五千円札や一万円札で採用されたホログラム、三金種ともにある紙幣左右のパールインク、見る角度で模様の中に数字が見えてくる潜像模様、コピー機に紙幣であることを知らせる模様で、丸の図柄を組み合わせたユーリオン、金種で縦棒の数が違うすき入れバーパターンなど、多くの偽造防止技術が追加されましたが、中でも興味深いのは五千円札の横幅です。

紙幣の高さはD券から変わらず全金種共通して七十六ミリ、これは自動販売機等で使われる紙幣識別機への配慮です。縦の長さが均一であれば、紙幣識別機の幅も固定されます。紙幣の長さで一片が固定されていれば紙幣識別機の機構も簡素になるのは当然のことです。それ故に今後もこのサイズが変わることは無いと考えています。

逆にどうしても変えなくてはならないのが横幅で、D券は千円札を基準に計ると五ミリ単位で横幅が変わります。千円札、五千円札、一万円札、三種紙幣の端を揃えれば、横幅を見るだけでその額面がわかります。紙幣識別機からしてみれば、紙幣の横幅を計測するだけで、確実にいくらの紙幣が投入されたかを区別できることになります（図4）。

政治的背景だけで発行されたとしか思えない二千円札の登場は、平成一二年（西暦二〇〇〇年）七月一九日でした。紙幣識別機や自動販売機などの業界だけでなく紙幣を印刷している独立行政法人　国立印刷局印（当時、大蔵省印刷局）でさえ想像もしていなかったことでしょう。「お札なぜなぜ質問箱」平成二年七月二五日発行、及び平成四年三月三〇日第二版発行（編集発行、大蔵省印刷局）の十八頁には次の

Q&Aが掲載されています。

Q.「二千円札や三千円札がないのは、どうして?」

A.「日本でも第二次世界大戦直後までは二十円、二百円といった券種が発行されたこともあります。ただ、その後は千円、五千円、一万円といった一、五、十の区切りのよい単位のお札に長くなれていることもあってか、それ以外の単位のお札は登場していないようです」

これを読んでもわかるように、想定外だったのが二千円札の登場でした。当時の大蔵省も「一、五、十の区切りのよい単位のお札に長くなれている」からが理由で半端な二千円札が登場していなかったことを説明しています。さらに、二千円札の横幅百五十四ミリで発行は西暦二〇〇〇年、単純に額面と同じ年に発行したかっただけのダジャレ的かつ記念硬貨や記念切手にも思える理由。しかもD券の五千円横幅は百五十五ミリで一ミリの差しかありません(図5)。そもそも二千円札の登場が予想されていたのならD券の千円札と五千円札の幅は一センチ差があってもよさそうなもの。それまでのD券から見れば邪魔な二千円だったこともこれで想像がつきます。

さらにそれを裏付けるのがE券における五千円札の横幅です。平成一六年(西暦二〇〇四年)一一月一日発行されたE券の五千円札……樋口一葉は、横幅が百五十六ミリ、ひとつ前のD券五千円より一ミリ幅を長くしました。二千円札との幅に差を付けたいのでしょう。しかし差を付けすぎると一万円札の幅に接近します。苦肉の策がE券五千円札の一ミリ増加でした。現在流通している紙幣において、横幅が五千円札だけ半端な長さになっている理由は二千円札の割り込みが理由であったことがおわかり頂けたと思います(図6)。

著者が紙幣の横幅にこだわる理由は紙幣識別機の存在です。縦幅が同じ日本の紙幣は、紙幣識別機の構

| D券 昭和59年11月1日発行 | 縦(mm) | 横(mm) |
|---|---|---|
| 千円札 | 76 | 150 |
| 五千円札 | 76 | 155 |
| 一万円札 | 76 | 160 |

| D券 平成12年7月19日発行 | 縦(mm) | 横(mm) |
|---|---|---|
| 二千円札 | 76 | 154 |

| E券 平成16年11月1日発行 | 縦(mm) | 横(mm) |
|---|---|---|
| 千円札 | 76 | 150 |
| 五千円札 | 76 | 156 |
| 一万円札 | 76 | 160 |

［図4］
日本の紙幣、D券とE券は、縦の長さは七十六ミリ。横幅は金額によって違うため横幅を計ることで金種判定することができる。

［図5］上がD券五千円札、下が二千円札。横幅一ミリの差を見て取ることは難しい。

造も共通化が可能です。

仮に縦幅も横幅も違う紙幣があったとします。紙幣識別機の投入口は、最大サイズの紙幣に合わせて作ることになります。小さな紙幣は、投入するときに左右どちらかの端に寄せて投入することになります。左側に合わせて入れる人もいるでしょうし、右側に寄せて入れる人もいるでしょう。左右幅に一センチも差があれば、紙幣識別機の内部に設置されているセンサはどこを見ることになるのでしょうか。同じ紙幣でも左端に沿って入れた場合と、右端に沿って入れた場合では、センサが見るラインは異なります。同じ紙幣であってもセンサが受け取る電気信号に違いが生じることになります。また、紙幣識別機に投入する向きとして紙幣の左から入れても右から入れる場合、さらに裏側と表側で四方向あります。紙幣幅が違ってしまえばさらにその倍の投入方法があることになります。紙幣識別機にとってみれば、その解析方法が複雑になるだけなので迷惑でしかありません。そのような理由もあって日本の紙幣は縦幅がD券とE券全てで同じになっているのです。

先にも書きましたが、逆に横幅は紙幣毎で差があったほうが紙幣識別機にとってはありがたいのです。紙幣識別機は、光センサでその紙幣の柄を読み取りデジタル変換しています。その信号はプールされているサンプリングデータと比較され合致すれば本物と判断するわけですが、その額面を判定する要素の一つとして横幅の長さがポイントになっていました。

D券が流通しているころは光センサで紙幣が通過する時間または距離を測定すれば金額が判明できました。本物か偽物ではなく、千円札と同じサイズかどうか程度の判定は横幅だけで十分であったという意味です。真贋判定とは言い難いですが、強いて書くなら磁性体反応だけが頼りだったのでしょう。D券の頃は、紙幣の金種は横幅、真贋の要素は磁性体の有無だけであったと書いても嘘ではないと考えています。

［図6］平成二二年現在、市中に流通しているE券三種とD券二千円札。
少しずつ横幅に差があるのがわかる。

［図７］
なかなか二千円札に対応しない券売機。

話は横道にそれますが二千円札の登場で変わったことがあります。

二千円札の登場で、安易な設計をしていた紙幣識別機メーカは苦悩することになりました。なんと言っても一ミリの差しかありません。紙幣識別機のメーカは二千円札対応について検討を重ねることになります。

メーカ責任の立場からすれば紙幣識別機で二千円札に対応するのは当たり前です。でも紙幣横幅の長さを金種判定要素として利用していた（重きを置いていた）メーカは困る事になりました。どうしても一ミリ差を検出することができないのです。検出できないのは技術が無いのではなくて、精度を上げると劣化した紙幣の読み取り率が下がってしまうためでした。それだけ紙幣の長さに頼っていたということになるのかもしれません。二千札の登場以来、紙幣識別機は順次改良されることになりましたが、多くの自動販売機や電車券売機、バス料金箱において一年以上たっても「二千円札は対応しません」の告知が出ていました（図７）。

今となっては邪魔でしかない二千円札。それでも二千円の登場の頃、二千円札対応財布なども売られニュースにもなりました。当初は経済効果もあるような事も言われ、珍しさもあって両替のため銀行の窓口に並んだ人もいました。つい最近まで大手コンビニはコンビニＡＴＭで積極的に二千札を利用していたそうです。それも今となっては昔の話、現在二千円札を目にするのは沖縄くらいのものでしょう。これ以上、流通させるつもりがないのはE券の登場においても二千円札の改良がされていないこと、現在、紙幣を製造するところが国立印刷局になっていても、流通している二千円札の製造銘版が大蔵省のままであることからも分かります。それでも日銀は二千円札の利便性を主張しています。日銀も政治的背景があるため後には引けないのでしょうか。

二千円札の登場で、一部の紙幣識別機メーカは苦戦することになりました。紙幣の横幅に重きを置いてプログラム設計していた紙幣識別機は、一ミリの差がネックになりプログラムを作り直す事になりました。金種判定で苦戦しているようでは真贋などチェックできるはずもなく、紙幣識別機においては、鑑別能力など最初から無かったことになります。本物か偽札かを判定できない紙幣識別機であれば、白黒コピーとカラーインクジェットプリンタで作られた多重印刷の偽札がスルーすることも論理的にうなずけるところです。

紙幣識別機と鑑別機の違いは、第三章の紙幣識別機の構造を参照していただくとして、識別であっても鑑別であっても投入された紙幣の紙質をチェックして、その紙幣が本物であることを証明するための定義、つまり本物とは何をもって本物とするのかを確立していなければいけません。それが無い又は乏しい紙幣識別機は、二千円札の登場で苦戦したことでしょう。

紙幣の識別または鑑別をするにあたり、可視光センサや磁気センサだけでは、白黒コピーやカラーインクジェットプリンタで摸倣されるために限界があります。いつまでたっても安易な偽札に翻弄されることだけは間違いなく、紙幣識別機は新たなセンサ利用を考えなくてはいけません。

## 三、自動販売機攻略

自動販売機攻略とは、犯罪者から見た自動販売機のウィークポイント。先に述べたように、入れてもいない千円札を入れたと言い張るつり銭詐欺も、紙幣識別機をスルーするような偽札も、鍵を電気ドリルで壊す犯罪も自動販売機攻略です。これらの攻略から自動販売機を守る方法は無いのでしょうか。大きな鎖で縛り付けてドアをこじ開けられないようにするのも一考、外国のように檻の中に入れてしまうのも一考(美しくはありませんが)、監視カメラで抑止するのも一考でしょう。でも、監視カメラを取り付けると「プライバシー」や「肖像権」などを盾に異論を唱える人もいます。コンビニでは当たり前の監視カメラなので今更と思う反面、監視されることに違和感を覚える人がいてもそれは理解できるところです。路上に設置された自動販売機は、深夜になれば極めて無防備です。監視カメラくらいあってもいいのかもしれません。とは言うものの監視カメラにしか頼れないとしたら技術力のある日本としても残念な話です。

偽札をテーマにしている本書としては、自動販売機の攻略を考えるなら紙幣識別機が対象です。紙幣識別機のウィークポイントを考えることで、偽札を使った攻撃から守る方法を模索していきます。過去においてD券を使った手法は、白黒コピーによる磁性体の付着で真贋判定をごまかし、カラーインクジェットプリンタで紙幣の柄を摸倣していました。現在このような単純な方法では自動販売機は攻略できません。D券と現在のE券と何が違うのかは印刷局と紙幣識別機メーカしか知らない秘密です。でも、それはさほど難しい話でもなく、解析によって情報を得ることもできます。

コンピュータの世界ではリバースエンジニアリングなどの言葉で代表されますが、要はその機械が何をもって本物としているかを見極めれば、それと同じような挙動を示す印刷物を作ればいいので、それは結果として偽札であり紙幣識別機をスルーさせたと言えるのです。

これから記述することは偽札の作り方、その手順を書き出すものではありません。ましてや基礎知識無くしては、いくら手順をマネしても偽札を作ることはできません。因みに基礎知識とは、偽札の印刷におけるインクの知識、電気的知識として測定器やその利用技術、動作原理など紙幣識別機を研究した上での話になりますから、素人にはハードルが高いでしょう。

但し、ハードルが高いと言ってもそれは技術レベルによることで、紙幣識別機の解析だけなら工業高校の電気科レベルの知識で十分、電気とインクに精通した人で応用力をもって攻略するなら、現在市中に流通している紙幣E券は偽札対応のためにF券の発行に取って代わることもあり得ます。もちろん、そのような行為は犯罪、すぐに逮捕されることも間違いありませんので念のため。

それでは紙幣識別機の攻略を考えてみることにしますが、いったい何をすればいいのかを考えなければなりません。

それにはまず攻略先を知ること。次に研究すること、最後にやってみることです。別な言い方をするなら、一に紙幣識別機の入手、二に紙幣識別機の測定器を使った解析、三に摸倣の研究と偽札の制作です。

### ⑴　識別機の購入

まずは紙幣識別機の購入。紙幣識別機の入手は意外にも簡単です。インターネットオークションでは「両替機」や「自動販売機」のキーワードで検索すれば入手が可能です。両替機なら自動販売機ほどの大きさもなく、個人宅に持ち込むことも不可能ではありません。中古の両替機ではあっても紙幣識別機は現行機種ですから実験に不都合はありません。世の中には色々な中古を扱っているお店があって、自動販売機の

［図８］
インターネットオークションを探すと現行機種が売りに出されている。

中古品を専門に売っているリサイクルショップも沢山あります。

　紙幣識別機単体で購入するには多少の知識も必要です。紙幣識別機は自動販売機の内部で使われるもので一つのユニットとして設計されています。電源は通常二十四ボルトで紙幣識別機とは別ユニット、駆動させるためには電源を調達する必要があります。また紙幣識別機を動作させるには返却レバーや商品が選択された事を知らせるスイッチなどから信号を受け取れるように接続する事も必要です。このように紙幣識別機を動作させるためにはその他機器との配線も不可欠、素人が紙幣識別機を単体購入しても動作させるのは面倒でしょう。だからと言って冷蔵庫サイズの自動販売機を買うのも無理な話。そこでコンパクトかつ比較的安価で、紙幣識別機、電源、スイッチ群、配線などが全て整ったオールインワンタイプの両替機にターゲットを絞ります。両替機は、家庭用百ボルトで動作しますし、インターネットオークションなら一万円前後で落札できるお手軽さがあります。

　両替機を購入する前に、インターネットで中古販売のお店を探すのがベストです。近所にあるなら出向いて実際に見ることをお勧めします。予想外に大きいことがあり、「買ったはいいが邪魔で仕方ない」なんて事になったら困りものです。サイズを確認してからネットオークションで落札します（図8）。

### (2) 識別機の解析

購入し手元に両替機が届いたらまずは動作確認をします。本物のお札やつり銭などをセットしてください。まるでお店にあるような感じにセットアップできたら、本物の紙幣を入れて両替ができることを確認します。紙幣と同じサイズにカットした白紙を用意、試しに入れてみるのもいいでしょう。ちゃんと返却されることを確認できれば、その両替機は正常に動作していることになります。

次は両替機の解体です。但し、解体といっても壊しては意味がありません、丁寧に作業をすすめます。動作できる状態を維持しながら両替機のボディより紙幣識別機、電源、スイッチ類、ケーブルに至るまで綺麗に取り外します。バラバラに解体できたらユニット同士をケーブルで接続します。電源を入れ紙幣識別機が今まで通り正常に動作することを確認、問題なければ準備完了です。

紙幣識別機を開きじっくり観察します。紙幣の搬送方法、センサの位置や数、センサの種類を把握します（図9）。

紙幣識別機の中を見ることが出来たら、センサの種類と数、センサが紙幣のどの位置をチェックしているのかミリ単位で正確に記録しておきます。

光センサとその光源であるLED、磁気センサなどを見つけます。点灯しているLEDは可視光線、その反対側にあるセンサは通常のフォトトランジスタに代表される光センサであることが分かります。点灯していないLED、その光源に対する光センサの位置を把握します。自分の目でチェックが終わったら、ムービーカメラを使います。赤外線による暗視モード（ナイトショット）を利用できるカメラが必要です。

部屋を真っ暗にしてムービーカメラで確認してください。目では見えなかったＬＥＤの点灯を確認することができれば、そのＬＥＤは赤外線で、その反対側にあるセンサは赤外線センサです。

光源であるＬＥＤの点灯を確認できず、また赤外線反応もなければ、それは紙幣識別機の蓋を閉じたときにだけＬＥＤが点灯するのかもしれません。

今度は開いた蓋を閉じて紙幣識別機を動作させます。本物の紙幣は投入された場合の動作、白紙が入ってきたときの動作などじっくりと紙幣識別機の動きを観察してください。

紙幣を入れる隙間からその紙幣の搬送を観察します。ＬＥＤが点灯しているのが見えるでしょうか。紙幣が通過しているときだけ点灯しているＬＥＤは無いかなど細かく観察しておきます。これら観察の意味するところは、赤外線センサの有無です。赤外線は目で見ることができません。身近なものとしては、テレビなどのリモコンが赤外線センサを多用していますが、リモコンのボタンを押しても先端についているＬＥＤは点灯も点滅もしていません。これは消灯しているのではなく、目に見えないだけであり、実際は高速で点滅しています。このように赤外線の特徴としてまずは光が目に見えないことにあります。著者は紙幣識別機における赤外線の利用を重要視しています。目に見えない光である赤外線ですが、第二の特徴として、印刷物に使われているインクの特徴を見出すことができると考えているからです。もし、購入した紙幣識別機に赤外線センサが利用されていたら、攻略へのハードルは一つ高くなったことを意味し、機械を騙す偽札の作成にブレーキがかかったのも同じだと考えています。

赤外線センサが利用される目的については、情報が乏しく著者としても想像の域を出ることはありませんが、詳細については章末の「赤外線の研究」をお読みください。

続いて作業です。一旦電源を切り、紙幣識別機だけを分解してみることにします。ドライバなど工具を

［図９］紙幣識別機を観察する。センサの種類、センサの位置はミリ単位で正確に計測して紙幣のどのラインを見ているかを把握しておく。

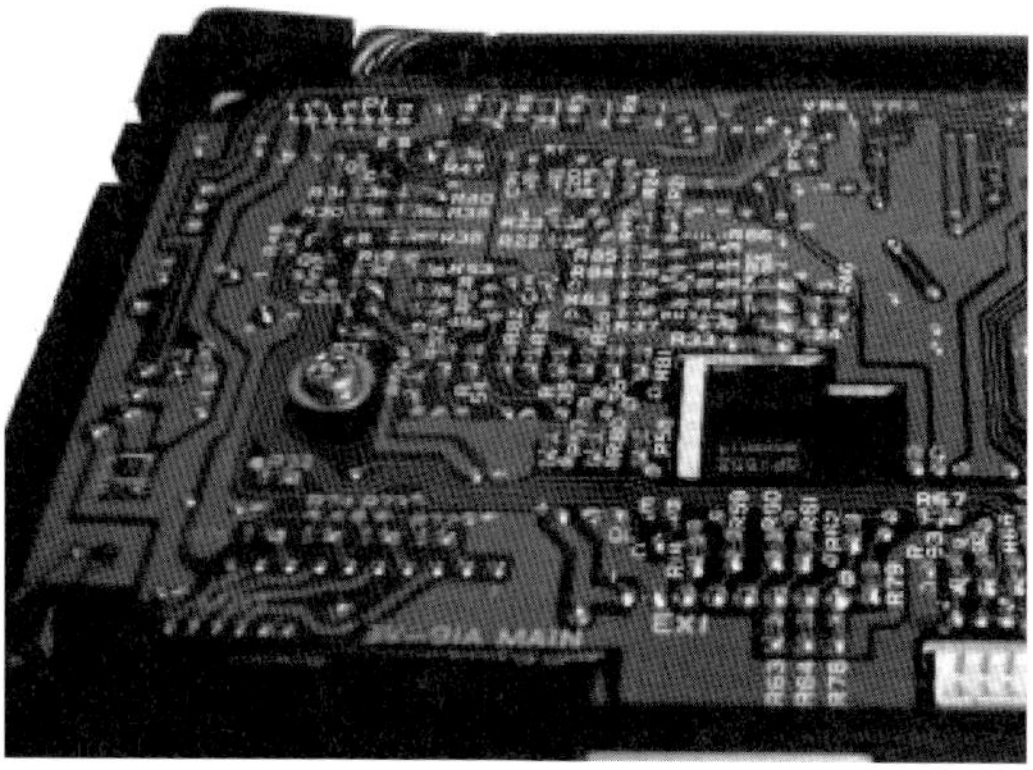

［図10］
紙幣識別機の基板裏側、プリントパターンから回路を読み取りピックアップポイントを探す。

駆使し分解してください。もちろん後で復元しますから壊さないよう丁寧に作業を進めます。電子基盤などが見える状態にするのが目的です。分解し、基盤が見える状態でも動作できれば準備完了、次のステップに進みます。

磁気センサ、光センサの場所を特定し、基板の配線からオペアンプなどが利用されている場所を探し出します。プローブを取り付けたオシロスコープ、またはデータロガーを用意し、データをピックアップする準備をします（図10）。パソコンにA／Dコンバータを取り付け、紙幣識別機からの信号をピックアップブルするのも良いでしょう。

具体的な電気部品の知識や基板からの回路解析が出来ない人は、面倒でも「総当たり作戦」となります。オシロスコープからのプローブを基板上の配線いずれかに接触させ、紙幣を入れてみます。それらしき波形が表示される場所を丹念に探します。それらしきとは、印刷されている場所とされていない場所でオシロスコープが表示する波形に山や谷が現れる状態のことです。透過型光センサの場合、紙幣である紙がセンサの前を通過、光を遮れば受光部の光量は減ります。さらにその紙にインクが付着している場所、つまり印刷されている場所であれば、さらに光量が減ることになります。すかしなど印刷がされていない場所は、紙幣の端で光センサを遮った光量に近いはずです。そのようなことが想像できれば、紙幣の柄からおよそではありますが、波形も想像できるようになります（図11）。それらしき波形が表示されたら、解析準備は完了です。光センサ、磁気センサにおいても同じようなことをして、信号のピックアップポイントを探しておきます。

選んだ光センサから波形が得られているとして、そのピックアップポイントから採取した波形は本当に特定しているセンサからの波形であるか立証する必要もあります。選んだセンサ以外を回路から外して、

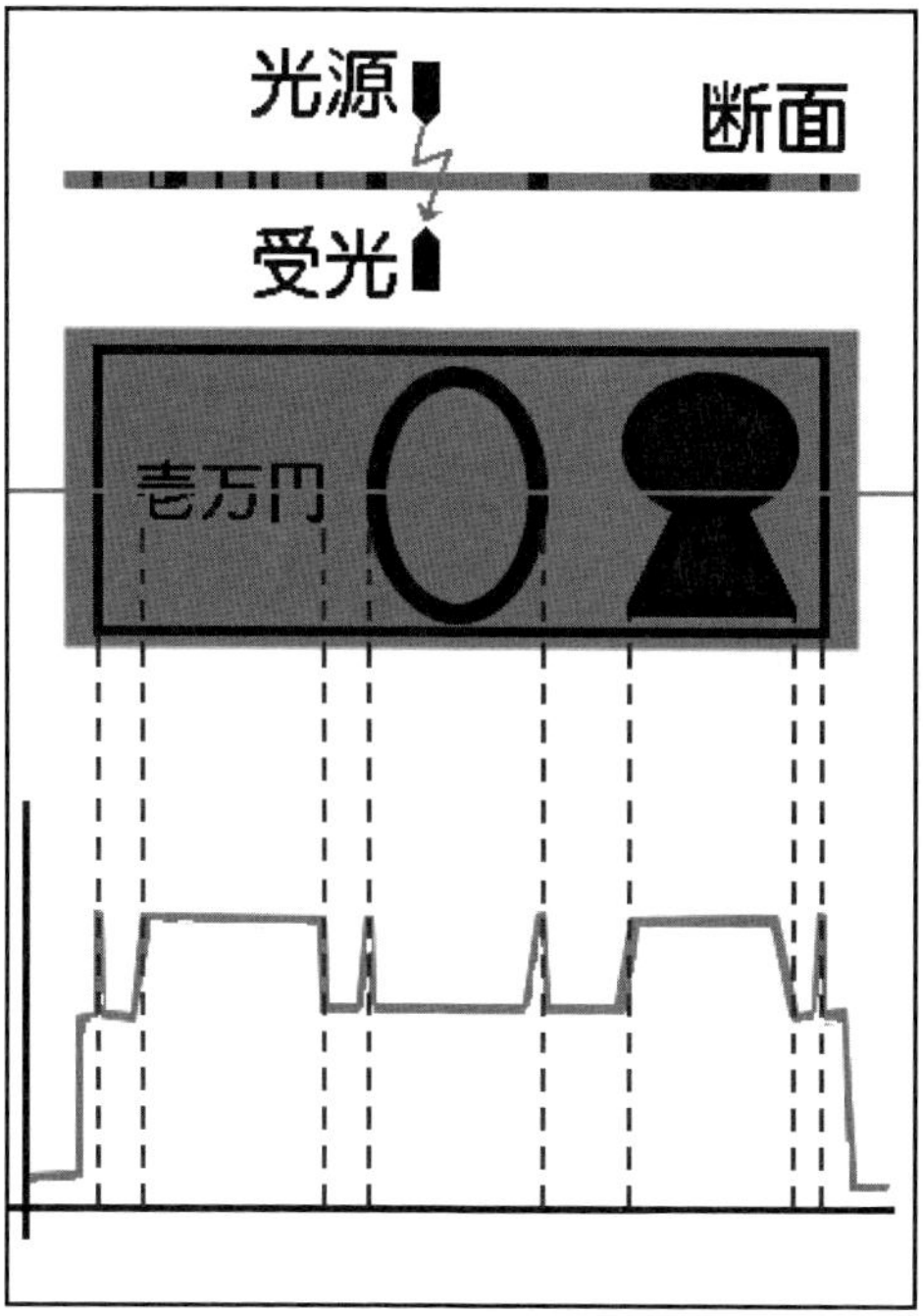


［図 11］紙幣の柄に沿って光センサの光量も変化することが想像できる。

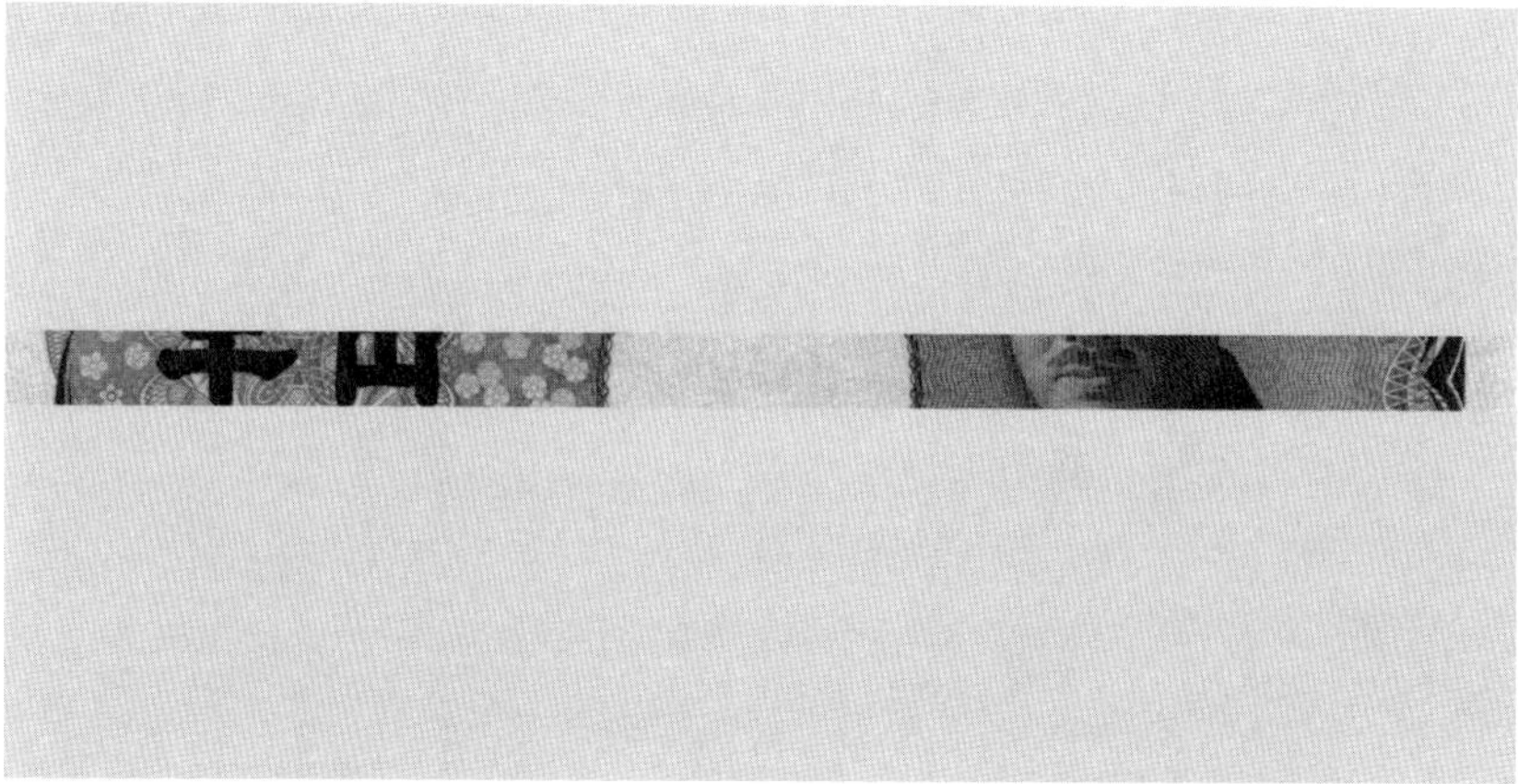

［図 12］中央にあるセンサ以外はフラットな信号がでるように中央位置以外が同一色にしてある。

同じ信号を受信することができれば裏づけをとったことになります。でもセンサを外したとたんに正常動作しなくなると困ります。そのような場合は、チェックしたいセンサラインだけ印刷した実験用のテスト紙を準備します（図12）。いまこれを仮にテストパターンと呼ぶことにします。テストパターンと本物の紙幣を紙幣識別機へ交互に入れて、類似している波形が検出されれば選んだセンサと得られた波形は同じであることがわかります。同様なことを光センサの数だけ、またその選んだセンサの位置に合わせたテストパターンを用意し実験を繰り返します。なお、紙幣識別機のメーカの種類によっては、一つのセンサだけが正常な柄を読み取っても他のセンサから適切な信号が得られないと、紙幣読み込み途中でも紙幣を排出することがありますが、おおよその波形が採取できれば、そのセンサと得られた波形が同じであることを証明できるので問題は無いでしょう。これで基板上にあるセンサから信号を得るための適切なピックアップポイントを確定することができました。

### (3) 摸倣の研究

まずは白黒複写機を使って紙幣の両面コピーを作ります。もちろん、紙幣識別機をスルーさせることなどできませんが、磁気センサのピックアップポイントから波形を採取してみてください（図13）。本物の紙幣と白黒複写と比較した感じはどうでしょうか。過去において外国紙幣のあるラインを磁気ヘッドで採取したことがあります。本物とコピーを比較すると、磁性体が検出された場所（波形の形）は両者とも同じですが、波形の高さ（波の振れ方）に違いがあります。本物と比べて複写は、波形が大きく表示されているので磁性体反応が強かったことになります。本物と同じにするには磁性体反応を低くしなくてはいけません。「低くする」とは磁性体の含有量を下げるのですが複写機の場合はトナー濃度を下げることで解決しますから、結果的に薄く複写すれば同様な波形を得ることができると考えられます。

光センサは機械の目的により搭載される種類が変わります。紙幣識別機であれば可視光線、最新の機種であれば、赤外線が追加されていることがあります。また紙幣鑑別機であればさらに紫外線センサも搭載されていることがあります。それぞれ光の波長が異なりセンサの目的も違いますが、紙質をチェックしているという意味では同じ光センサとして考えていいでしょう。

可視光線センサは、目に見ることのできる光で、通常は赤か白のLEDを光源として使っています。受光部は紙幣を透過した光量をチェックします。ある紙幣の中央部分を左から右へ移動しセンサで得られた光量を数値化しグラフにします（図14）。グラフの縦軸は透過した光量で上が高く、下が低いことを意味しています。つまり透過量が高いときはグラフの波は上になるので、グラフ中央部にあるフラットな山は、紙幣中央部にあるすかしであることが想像できます。紙幣の中央がすかしである場合、右側は肖像の模様だと考えてもいいでしょう。グラフを見る限り肖像が印刷された部分は光量が低下しているので、かなり強い印刷が施されていると考えられます。このように波形を見るだけでおおよその図柄も想像できるようになります。本物の紙幣で波形を採取することができたら、今度は作ったカラーコピーやカラーインクジェットプリンタによる偽札の波形を採取します。本物と比較することで、偽物の印刷の問題点も見えてきます。例えば全体にグラフが高かったり低かったりする場合は、紙の厚みが本物の紙幣と異なるか、そもそも全体的に色の濃さが異なると考えられます。一部の波形に差異がある場合は、その場所をよく観察してみます。本物と偽札の違いに気がつけば後はその場所だけ色や濃さを変えてみることで微調整ができるようになります。波形が近づいてくれば可視光センサへの調整は出来たと考えていいでしょう。

最新の紙幣識別機なら赤外線センサが搭載されている可能性もあります。赤外線はインクジェットプリンタのインクの種類を見極める能力があるため、使っているインクジェットプリンタの種類によっては攻略できない可能性もあります。ある紙幣の中央部分を左から右へ移動しセンサで得られた光量をグラフ化しました。本物の紙幣とインクジェットプリンタによる偽札では全く異なる結果となりました（図15）。本物はそれらしいグラフが出来たのに対して、インクジェットプリンタで作った偽札はフラットなグラフになりました。インクジェットプリンタで印刷した偽札ですから粗悪とはいえ目に見える印刷ですが、赤外線センサから見ると何も印刷されていないような状態となりました。

インクジェットプリンタのインクには大きく二種類、顔料インクと染料インクがあります。顔料インクは耐水性や耐光性に優れていますが、プリンタヘッドが目詰まりし易いなどの短所があります。また染料インクは色彩に優れ階調性を表現しやすい反面、退色しやすいなどの短所があります。それぞれ特徴はありますが、使っているプリンタが染料インクを採用していたとすれば、赤外線センサには反応しないため、印刷しても赤外線センサから見れば印刷していないのと同じになります。このことから、赤外線センサを搭載した紙幣識別機は、カラーインクジェットプリンタで出力した偽札探しに最適であることが分かります。

ここまで、紙幣識別機の入手、回路の解析による波形のピックアップポイント、磁性体、可視光線や赤外線による紙幣の摸倣を検討しましたが、持っているカラーインクジェットプリンタのインクが染料インクであれば、プリンタも購入し直さなければならず少々現実離れしてきた感があります。せっかくここまで考えてきたのですから、もう少し方法が無いのか考えてみたいと思います。もう一度、紙幣識別機のセンサ位置を観察してみます。特にセンサが設置されている場所を確認します。例えば、同一ライン上に複数のセンサが配置されているところがあるのか。その条件から磁気ヘッドが紙幣の磁気濃度を見るライン

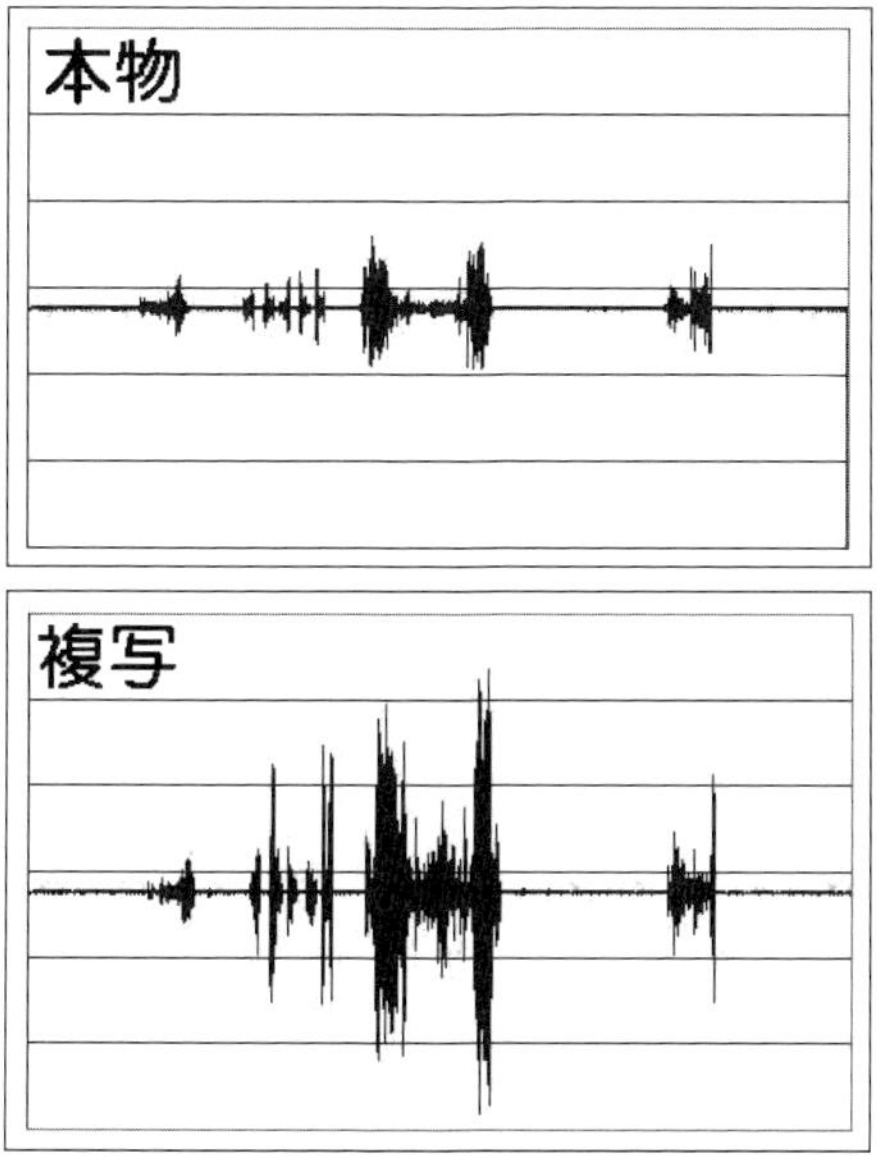


［図 13］
上は本物の紙幣より検出された磁性体反応。下は同じ紙幣の白黒複写したコピーから検出した磁気反応。反応レベルに違いがあり、本物は偽物よりも小さな挙動を示している。

［図 14］
柄とグラフの高低は、受光部の光量に比例する。センサが電気的信号として受け取った情報は紙幣の柄情報である。

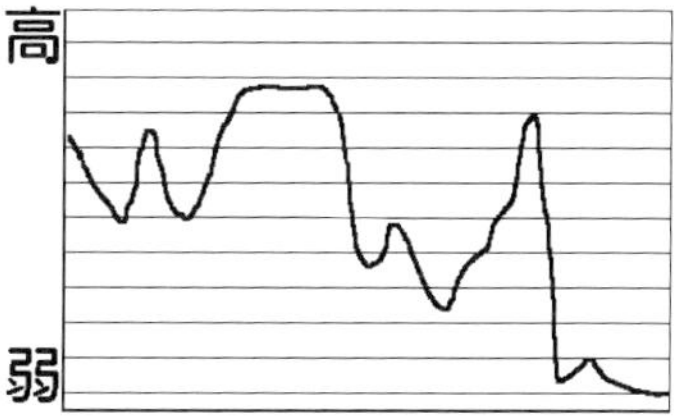


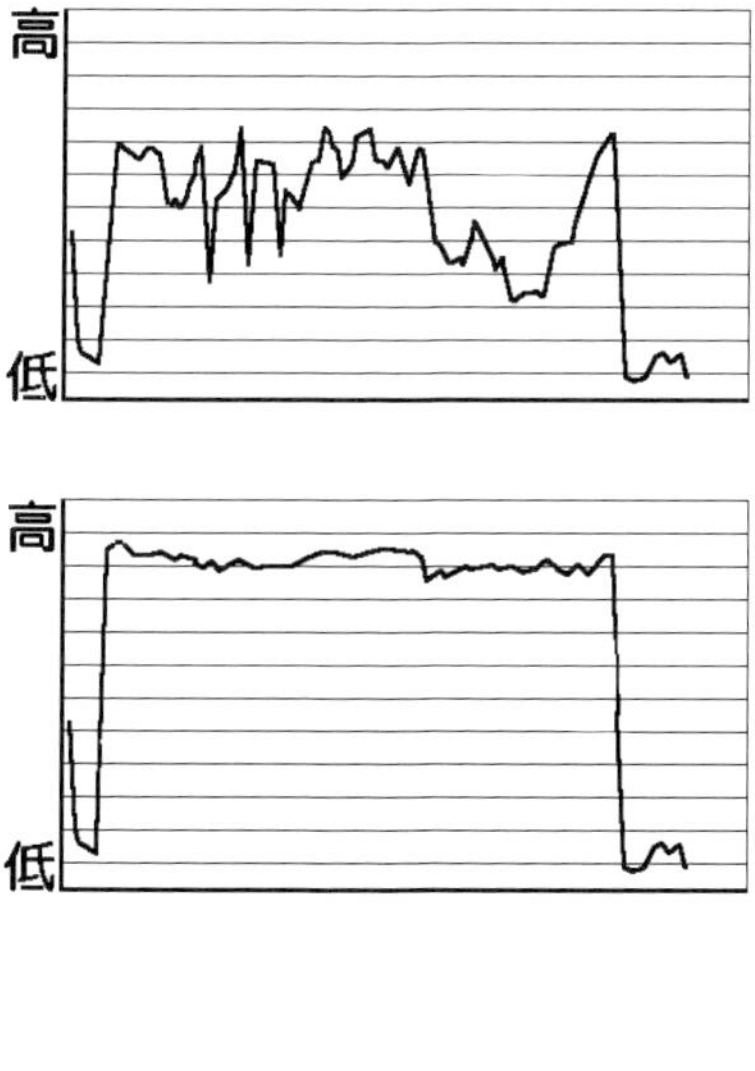


［図 15］
上のグラフは本物の紙幣。下のグラフはインクジェットプリンタの偽札。赤外線で見るとインクジェットプリンタで印刷したものは無地と同じような反応となった。

上に光センサが無いことを確認します。

磁気ヘッドが配置されているラインが磁気濃度しか見てないとすれば、その他の印刷箇所は、磁性体が無くても問題はないことになります。磁気ヘッドが見ているラインだけ本物と同じ磁性体位置と濃度を作り込んでしまえばいいことになります。このことから、複合機一台だけでも何とかなりそうです。

磁性体用にトリミングし、磁性体濃度加工した画像ファイルが準備できたら印刷します。次に印刷した紙にもう一度、光センサ用にトリミングした画像を印刷します。

センサが見る場所だけを印刷したシマ模様（図16）のような偽札が出来ることになります。もちろん見た目には紙幣とは思えませんし人を騙すことは出来ませんが、どうやらこれで紙幣識別機を攻略できそうです。但しあくまでも論理的な話です。

ここまできましたが、まだハードルはあります。最近のプリンタや複合機は紙幣を印刷することが出来ません。機種、メーカにもよりますが、紙幣の柄をイメージとして保存しているタイプのプリンタは、同様なイメージがプリンタに送り込まれるとプリントの途中で強制停止し紙は排出されてしまいます。印刷を見ると画像の三割程度で中止するだけでなく、何やらＵＲＬまでプリントされていました。（http://www.rulesforuse.org/）

実際に印刷されたＵＲＬのページを閲覧すると中央銀行偽造防止グループ（Central Bank Counterfeit Deterrence Group）が運営していてプリンタなどに仕込む偽造防止システム（Counterfeit Deterrence System <CDS>）を提供していると書いてありました。

また紙幣に仕込まれている偽札防止技術のひとつユーリオンを検出すると複合機などはエラー表示をして停止します（図17）。

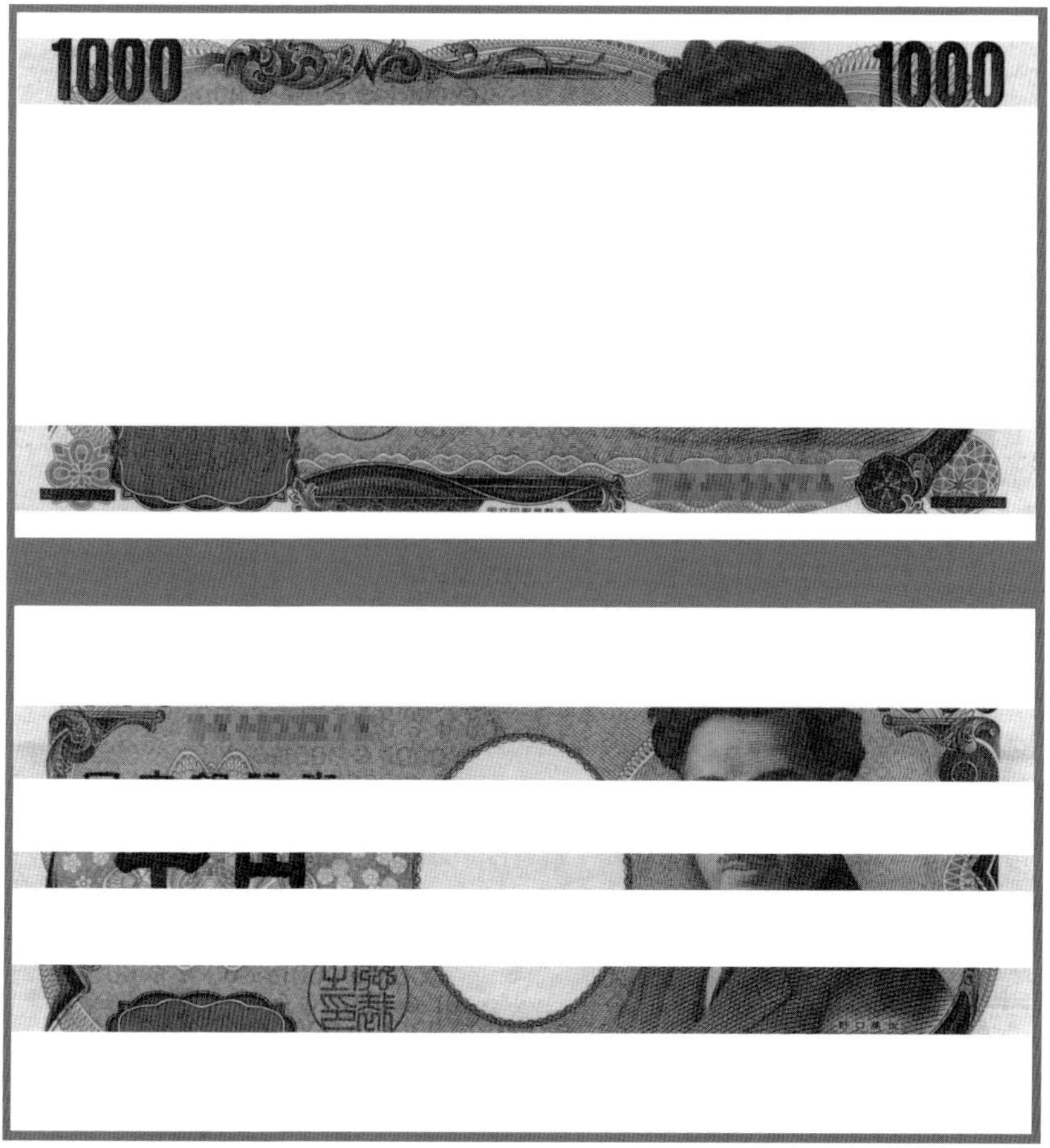


［図 16］上は、磁気ヘッド用のトリミング。磁気ヘッドが見ているライン上だけカラー複写機で印刷する。下は、光センサが見るラインだけのトリミング。

悪い心を持った人が何とか偽札を作りたいと思ったとしても、この数年で殆どのプリンタでは偽札を印刷することができなくなりました。カラー印刷が出来なければ人を騙す偽札も作れませんし、機械を騙す偽札も作れませんから一件落着にも思えます。でも、もう一度考えてみてください。機械を騙す偽札を作るなら外見にこだわる必要など無いはずです。本物そっくりに印刷する必要が無いのであればＣＤＳやユーリオンの技術にひっかからない逃げ道があるかもしれません。

磁性体を利用するには白黒コピーが不可欠です。でも、柄を摸倣するのに精巧なカラー印刷が必要かは疑問です。実は殆どの紙幣識別機は、光源と受光部の間に紙幣が通過する透過型のセンサを使っています。光を透過させるということは、色を見ることはできず、あくまでのインクの濃さだけに頼ることになります。機械を騙す偽札には色彩は関係なく、さらにセンサが見ているライン上だけに印刷があれば良いはずです。先に説明したセンサが見る場所だけを残したトリミング紙幣なら、紙幣画像とは異なるためＣＤＳをスルーする可能性が高くなります。

さらに紙幣に施されている偽札防止技術の殆どは紙幣識別機にとっては無縁な存在です。どのみちマイクロ文字は読めませんし、彩紋模様の微細画像を認識することはできません。柄を摸倣し透過率を本物の紙幣と同じにするだけならその「数値」が似ていればいいだけで、極端な話、手書きでも出来そうな気がします（第三章、図22参照）。試しにE券千円札の画像を劣化させる方法で実験をすることにしました。

千円札の両面をイメージスキャナで画像化しておきます。ドロー系ソフトを使って画像に極端な「ぼかし」を加えます（図18）。見た目にはお札とは思えないこの画像をＣＤＳ機能のついたカラーインクジェットプリンタで出力すると、今度は止まることなく正常に印刷ができました。ＣＤＳのスルー化に成功したようです。もちろん汚い印刷ですから人の目は騙せませんが光センサからはどのように見えるのでしょう

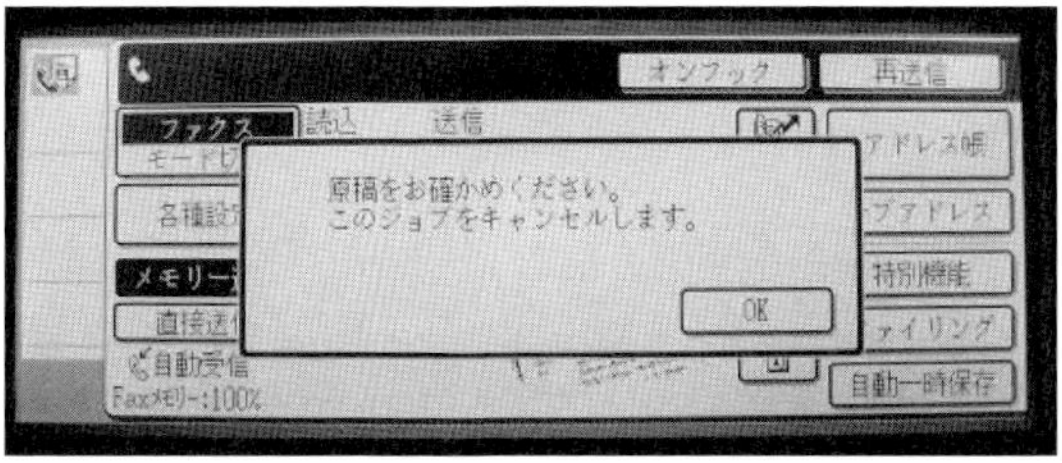


［図 17］
紙幣のカラー複写を試みたらエラーが表示された複合機。

［図 18］紙幣画像を極端にぼかすことで CDS は紙幣と認識しない。

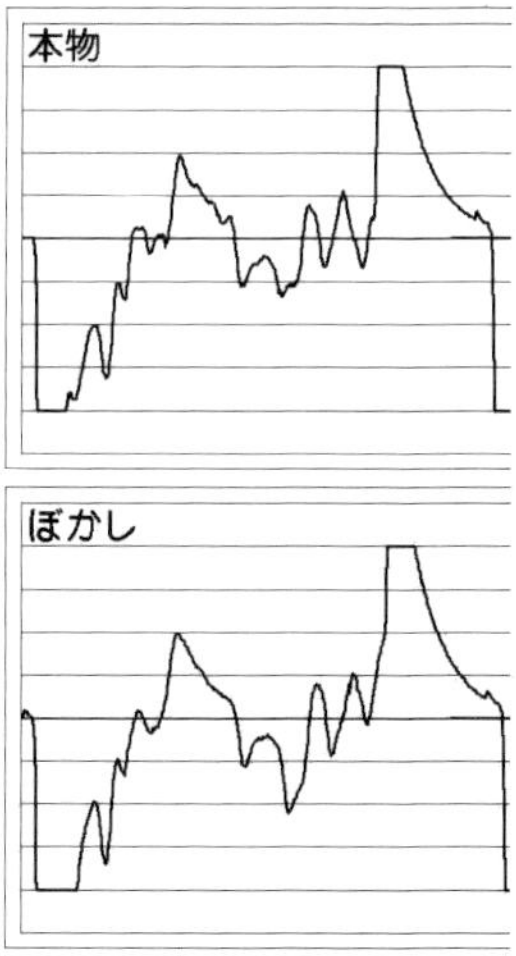


［図 19］
上が本物、下がぼかしを施したインクジェットプリンタによる偽札。グラフだけを比べるなら似ている。

か。

ぼかした千円札ができたら、今度は紙幣識別機に通して光センサから得られる情報をグラフ化します。E券千円札のある部分を左から右へ移動したときにセンサが受光した光量をグラフ化します（図19）。本物の紙幣とインクジェットプリンタによるぼかし千円札を見比べるだけなら、本物もぼかした千円札も同じに思えるほど近似しています。紙幣画像に手を加えることで、CDSをスルーすることができました。

今までの実験の結果をまとめると、自動販売機攻略は可能。CDSやユーリオンなどの偽造防止技術があっても、紙幣画像を必要な場所だけトリミングする、または全体をぼかして印刷することでカラー印刷が可能。磁性体を入れた印刷やカラー印刷が可能であれば、それは本物の紙幣に近づけた印刷は可能であることになります。さらに、紙幣識別機のセンサ類が旧態依然とした方法で紙幣を識別していることを考えると、自動販売機だけでなく紙幣識別機を利用している全ての機器は偽札を受け入れるという不安の中で動作していると言えます。世の中の自動販売機達は、問題を抱えたまま新種の偽札が出ないことを祈っているように思えた実験結果でした。

自動販売機攻略から守るなら紙幣識別機のセンサ位置や種類を再検討する必要があるでしょう。

### (4) 赤外線の研究

E券の一万円、五千円、千円札の表と裏には赤外線反応があります。著者は、E券紙幣における赤外線反応は、偽造防止技術の一つであると理解していますが、そのことは公にされていません。例えば日銀のホームページ（http://www.boj.or.jp/type/release/zuiji/kako03/bnnew3.htm）や国立印刷局のホームページ（http://www.npb.go.jp/ja/intro/gizou/index.html）にも掲載されていません（平成二一年七月現在）。つまり、公にされていない事実があるということは、赤外線反応については国と紙幣識別機メーカだけの秘密であるらしいことが想像できます。

Ｅ券紙幣で採用された、赤外線反応を確認する方法はとても簡単で、暗視カメラと赤外線投光器があればすぐにでも見ることができます。暗視カメラといっても、専門機器でもなく、軍事用として存在する暗視ゴーグルのようなものでもありません。民生品として売られている家庭用ムービーカメラに搭載されている暗視機能です（図20）。この暗視機能を使うことで簡単にＥ券紙幣の赤外線反応を見ることができるのです。

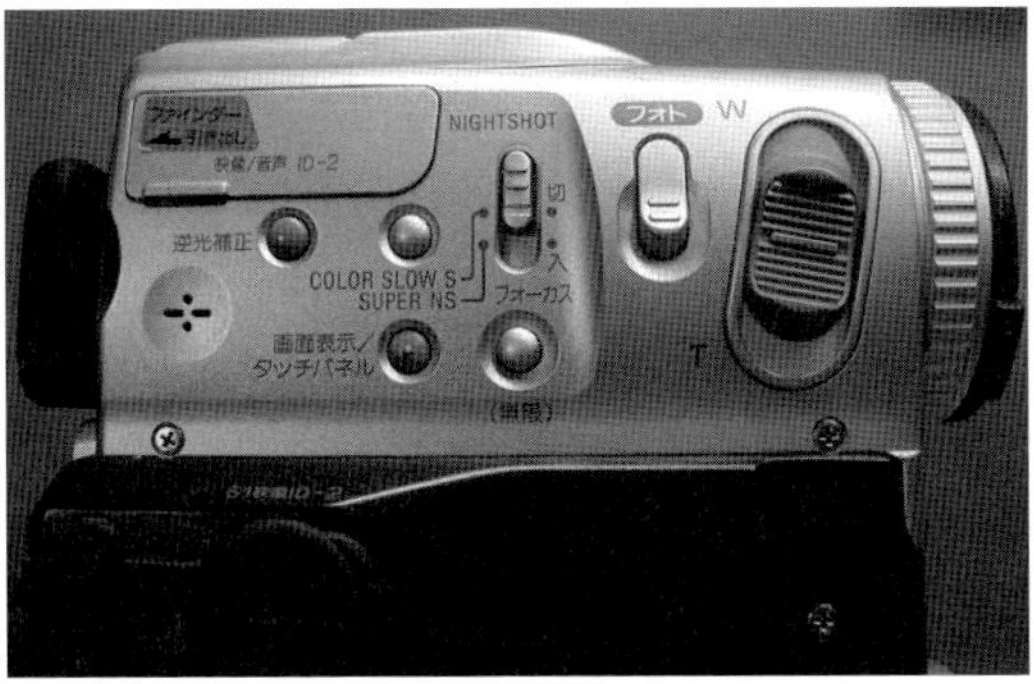


［図20］ソニー製にはNIGHTSHOTと呼ばれる暗視モードがある。

手持ちのムービーカメラがありましたら是非一度確認してみてください。必ずでもないようですが、多くのムービーカメラには、暗い場所でも撮影できるように暗視モードやナイトショットと呼ばれる機能があります。この暗視モードとは、真っ暗な部屋の中でもわずかな光さえあれば撮影できるとても便利な機能ですが、さらに暗視モードをサポートしてくれる機能として、赤外線ＬＥＤの存在があります。

赤外線ＬＥＤは深夜、例えば野生動物の撮影などに使うには最適なもので、可視光線を発光することのない赤外線ＬＥＤは、目に赤外線をあてられても眩しさを感じることがありません。照らされたこともわからない小動物は驚き逃げ出すことがないので撮影できるという訳です。わずかな光の中で、さらに光源を与え、被写体を見やすくするのが、赤外線ＬＥＤによる投光器です。

この暗視モードと赤外線を使うことで、Ｅ券紙幣から追加された非公開偽造防止技術を確認することができます。

著者が赤外線反応に気がついたのは、ある展示会で紙幣識別機を見ていたときのことでした。いままで見てきた紙幣識別機より光センサの数が多いことに気がつきました。無闇とセンサを増やす訳は無いだろうとは考えていましたし、隣接する可視光センサのそばにありながら、新しく追加されたセンサが同様の可視光線とは思えませんでした。

実際のところ、追加された光センサが赤外線であるかはわかりませんでしたが、とりあえず可視光線ではないとの気持ちは残りました。

まだ世間の紙幣識別機が可視光線と磁気だけで紙幣を識別しているころ、著者は独自の実験から赤外線はインクの材質で反応が異なるなど、偽札鑑別における赤外線の優位性には注目していました（「(3) 摸倣の研究」を参照）。それ故に、紙幣識別機には赤外線の利用が不可欠であると考えていましたので、紙幣識別機のセンサが増えていたことには少々驚きと期待があった訳です。

もし紙幣識別機に赤外線センサを追加しているなら、きっと紙幣にも赤外線による特徴があると考えました。著者は、平成一六年（西暦二〇〇四年）一一月、新しい紙幣であるＥ券を銀行から両替してもらうとすぐに実験することにしました。

紙幣を机に置き、ムービーカメラを用意しました。部屋を暗くしてムービーカメラのモードを通常モードから暗視モードに切り替えます。とりあえず紙幣を撮影したころ暗視モードであるため、色合いはグリーン一色になりますが、その他には何ら変化を見ることはできませんでした（図21・22）。

［図 21］
室内を暗くしてＥ券一万円札の表を暗視カメラで撮影した。何も変哲は無い。

［図 22］
室内を暗くしてＥ券一万円札の裏を暗視カメラで撮影した。表同様に何も変哲は無い。

［図 23］
室内を暗くして赤外線投光器を照らしたＥ券一万円札の表を暗視カメラで撮影した。赤外線反応により見える柄は一部だった。

［図 24］
室内を暗くして赤外線投光器を照らしたＥ券一万円札の裏を暗視カメラで撮影した。赤外線反応は表と同じように可視光線で見られる柄の一部だった。

そこで、ものは試しということで赤外線をE券紙幣に照らしたところ、見えていた紙幣の柄の一部が消えてしまいました（図23・24）。さらにこの現象は、E券紙幣の一万円、五千円、千円の表と裏で確認をすることができました。

赤外線によって消えた柄、逆に考えるなら赤外線によって浮かび上がるもう一つのデザインがE券紙幣には存在したことになります。

赤外線によって見ることのできた紙幣の柄……著者は、そのとき落胆したことを記憶しています。大胆であり、無神経ともいえる荒っぽいデザイン。デザインとはいい難い柄。日本の文化、国の主張、主権といっては大げさかもしれませんが、それらを感じさせない、あえて追記するなら恥ずかしいデザインとも感じました。その姿は、今見ても評価外だと思っています。赤外線では見えるが、可視光では見えない、そのようなインクを使うなどして、赤外線反応だけの柄を作ることは考えられなかったのでしょうか。そう思うと残念でなりません。

赤外線で紙幣を見たときの一万円、五千円、千円の三金種の柄をもう一度、注意深く見ることにします。特に中央左寄りにある漢字で印刷されている額面の文字が、金種によって印刷のかけ方が違うことに気がつきます。一万円は「壱万円」と印刷されていますが、五千円は「千円」、千円は「円」しか印刷されていません（図25）。例えば紙幣識別機の中央に赤外線センサをつけておけば、この漢字の額面をチェックするだけ金種判定が可能になります。この赤外線センサから受け取れる信号は、一万円が三文字、五千が二文字、千円が一文字分の信号です。さらに紙幣の裏を見ると右半分はほとんど柄が見えません（図26）。これはとても重要なポイントです。つまり、表に印刷されている漢字の額面が印刷されている箇所は、裏側でいえば右側になるのです。多くの紙幣識別機は透過型のセンサを使っています。裏に柄などの印刷が無ければ表の柄をはっきりと認識、区別することができるので、紙幣の金種を確実に判定することができます。赤外線のお陰で金種判定は容易になりました。

著者には、お国が民間の識別機メーカへ「ここを見れば簡単に判定できるでしょ！」「二千円札の登場で一ミリ、二ミリ紙幣幅が狭くなったなんて、もう文句は言わないでよ！」と言っているように思えます。まるで溺れかかった人へ浮き輪を投げたとも思える救助的施策です。識別機メーカには聞いたことはありませんが、きっと大助かりだったに違いありません。もしかすると識別機メーカからの提案で印刷局が渋渋採用したのかもしれません。何れにしても、この救助的施策は、実は愚策であって、そう遠くない将来、取り返しの付かない問題になると想像しているのは、著者だけでしょうか？

赤外線反応を偽造防止策の一つに採用したことが名案だったのか、愚策だったのか、その理由を詳しく書くと偽札作りの大きなヒントとなるため、本書ではこれ以上は書けません。でも、著者が不安となるポイントは次のようなことです。

カラーインクジェットプリンタで使われているインクは、染料インクが大半です。「(3) 摸倣の研究」で説明しているように染料インクで印刷した偽札は赤外線センサから見るとカラー印刷の柄に関係なく反応はフラットでした。赤外線センサを使えばカラーインクジェットプリンタで作った偽札は簡単に発見できるようになります。このことは、平成二二年七月現在、白黒コピーとカラーコピーの多重印刷による自動販売機荒らしが激減した理由だろうと想像しています。そのことから紙幣識別機には赤外線センサが多用されたに違いないとの結論に達しました。赤外線センサが使われているなら、先に説明したように、紙幣の漢字額面をチェックしている可能性はとても大きいことになります。

もし、額面チェックを赤外線だけに頼っていたとするなら、摸倣も簡単です。顔料インクを使っている

［図25］赤外線センサでE券紙幣を見ると、可視光線で見えていた柄の一部がかけて見える。柄の消え方（赤外線から見える柄）は金種によって異なる。

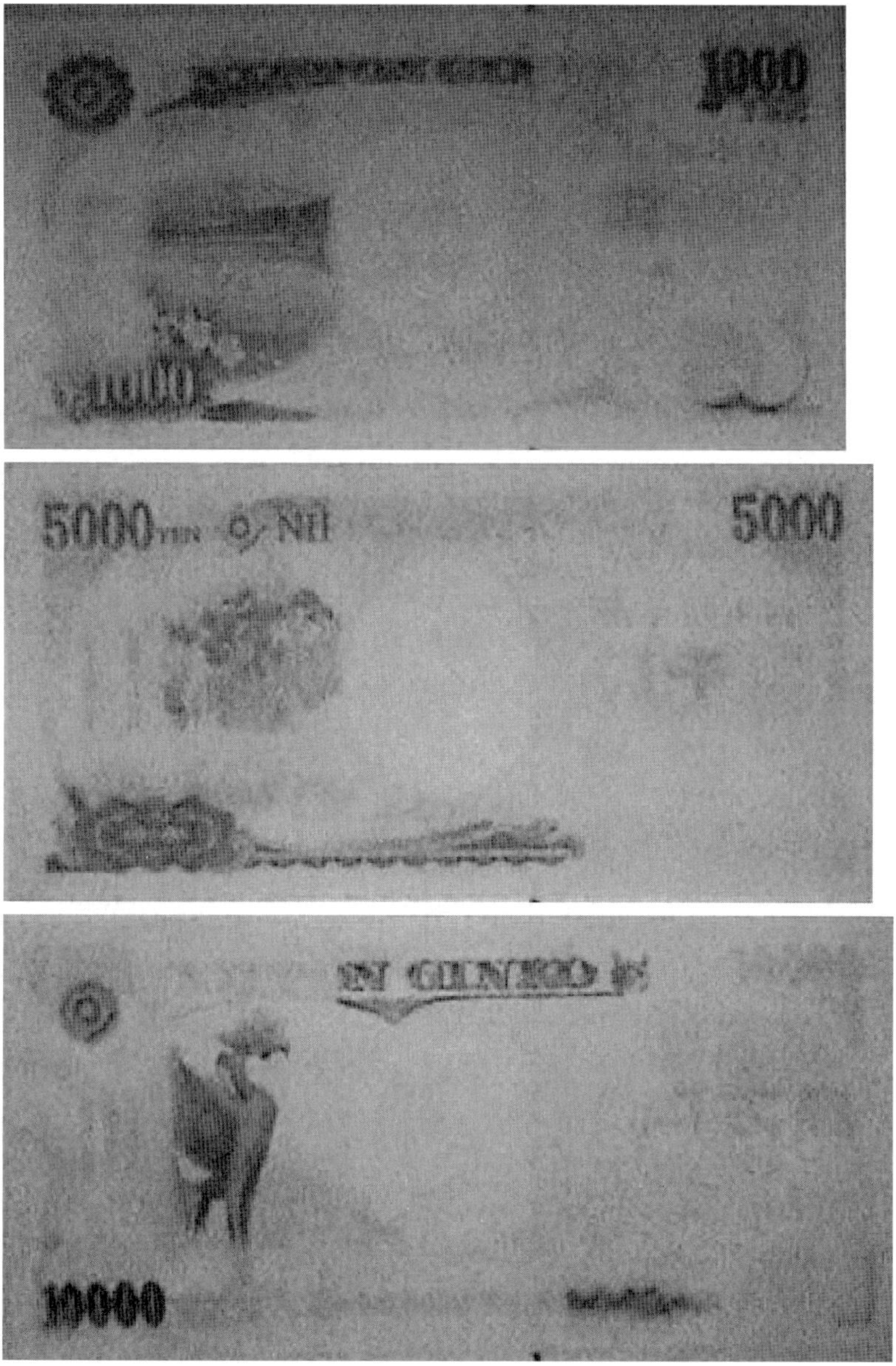


［図26］赤外線センサで見るE券紙幣の裏側は、共通して右半分に印刷が無い。

プリンタを探してくればいいのです。結論として、赤外線センサが見えるような柄を摸倣すれば、簡単に紙幣識別機を攻略することができることになります。問題は、ここからです。紙幣識別機は、紙幣全体の柄をセンサが電気信号として捉えたデータと、予め紙幣識別機の中に用意してある真券のデータを比較します。類似点が多ければ本物であり、類似点が少ないか、赤外線センサから信号が検出されなければ、偽札と判断されます。

本来なら比較の際に、真券であると考えられる特徴点を紙幣全体から細かく押さえ、日本の繊細な印刷技術で作られた紙幣だからこそ得られる情報を、金種や真贋判定の要素として利用するべきなのです。ところが、極端にメリハリのある柄（額面文字が見える数）、大柄な箇所が楽だからといって短絡的に判定要素として利用すると、大ざっぱで分かりやすい情報であるだけに、偽札を作る犯罪者から見てもマネしやすいものとなります。簡単に判断できる箇所は、簡単に摸倣できるということなのです。

紙幣識別機にとって、大ざっぱで分かりやすい情報を利用するのには理由があります。紙幣識別機を動作させるためには、入ってきた紙幣の見極め方などを予め覚えさせておかなければなりません。その手順を覚えさせるのが、コンピュータにおけるプログラミングです。コンピュータが考え、適当に対応してくれるような、まるでＳＦ映画に出てくるロボットのようなものだったら便利でしょう。でも実際は、エンジニアが想定した動作しか実行できません。紙幣識別機の動作とは、エンジニアの思考そのものといっても過言ではありません。そのことを思うと、難しい判断を紙幣識別機にさせるには、エンジニア自身が、紙幣の紙質を十分に理解する必要もあり、苦労が絶えないことも想像できます。それゆえに、楽な判断方法があるならば、それを採用しプログラミングを楽に済ませたいと思う気持ちがあったとしても理解できない訳ではありません。

紙幣識別機の中にはコンピュータが搭載されています。専門的には、マイクロプロセッサ（マイコン）といい、「組込」と呼ばれる開発手段で、動作手順を覚えさせるために「C言語」や「アセンブラ言語」を利用します。プログラム開発には、これらのコンピュータ言語に精通していることは当然ですが、紙幣である紙を扱うため、紙幣識別機の中を紙幣が通過する搬送技術や、その紙が搬送中に示す挙動を理解した上で開発しなくてはなりません。さらに経年変化による紙幣の劣化も考慮する必要があります。もちろん、紙幣に印刷されている柄のどこを、どのようなセンサでチェックするのが妥当かを見極める力が不可欠で、それらの考え方をアルゴリズムとして、どのようにプログラムするかは個々のエンジニアの技量です。

先見の明があり、アイデアがあるエンジニアであれば、大きな問題にはならないでしょうが、万が一にでも、単純に漢字の額面を見ているだけだったとすれば、E券紙幣を摸倣されたとたんに、新たな真贋判定技術を開発できず、途方に暮れることになります。

ここで書いた紙幣識別機における赤外線の偽造防止技術は著者の想像です。第三者からの提供情報ではないことだけは明言しておきます。但し、紙幣に興味のある人なら、ちょっと考えればすぐにわかることでしょう。あくまで想像ではありますが、「当たらずとも遠からず」でしょう。

# 第六章　紙幣の問題点

## 一、偽造防止技術の問題点

偽造防止技術は何も国だけが利用できる紙幣専用技術ではありません。民間の企業や個人で自由に使える民生技術でもあり、その利用範囲はとても広く身近な存在です。

例えばクレジット会社が発行しているクレジットカードには会社のロゴがホログラム印刷されていますし、音楽ＣＤや映画などのＤＶＤにも著作権を守るためにホログラムが印刷されています。クレジット会社が発行している金券、酒造会社や組合が発行しているビール券などには紙幣と同じレベルの偽造防止技術が採用されています。実際にどの程度の偽造防止技術が民間で利用されているのか観察してみることにしました。全国酒販協同組合連合会が平成二二年現在発売中のビール共通券や清酒券のうち、六百三十三ミリリットル二本券と呼ばれるビール共通券があります。一見すると何の変哲もない普通のビール券にしか見えませんが、実は偽造防止技術が駆使されていました（図1）。

競争力や額面価値が低い後進国の紙幣と比べ見てはその国に失礼かもしれませんが、その十分過ぎる偽造防止技術を纏ったビール券を見ると、過去に偽物の驚異にさらされていたのかもしれないと思うほどです。売価としては七百六十六円程度のビール共通券はコピー用紙より少々厚い程度に感じる紙に、さほど多いとも思えない色数で、どこに偽造防止があるのかと思う程にシンプルな仕上がりです。ところがルーペなどを使ってしっかり観察してみると、細かいところにこだわりがありました。

一、縦に織り込まれた安全線（セキュリティスレッド）のホログラム、二、酒販協同組のマークをデザインしたすかし、三、裏面に現れる紫外線反応する安全線（セキュリティスレッド）、四、赤外線反応、五、彩紋模様、六、マイクロ文字、七、凹版など七種類も採用されています（図2）。

［図1］ビール券などの金券は最新の偽造防止技術採用している。

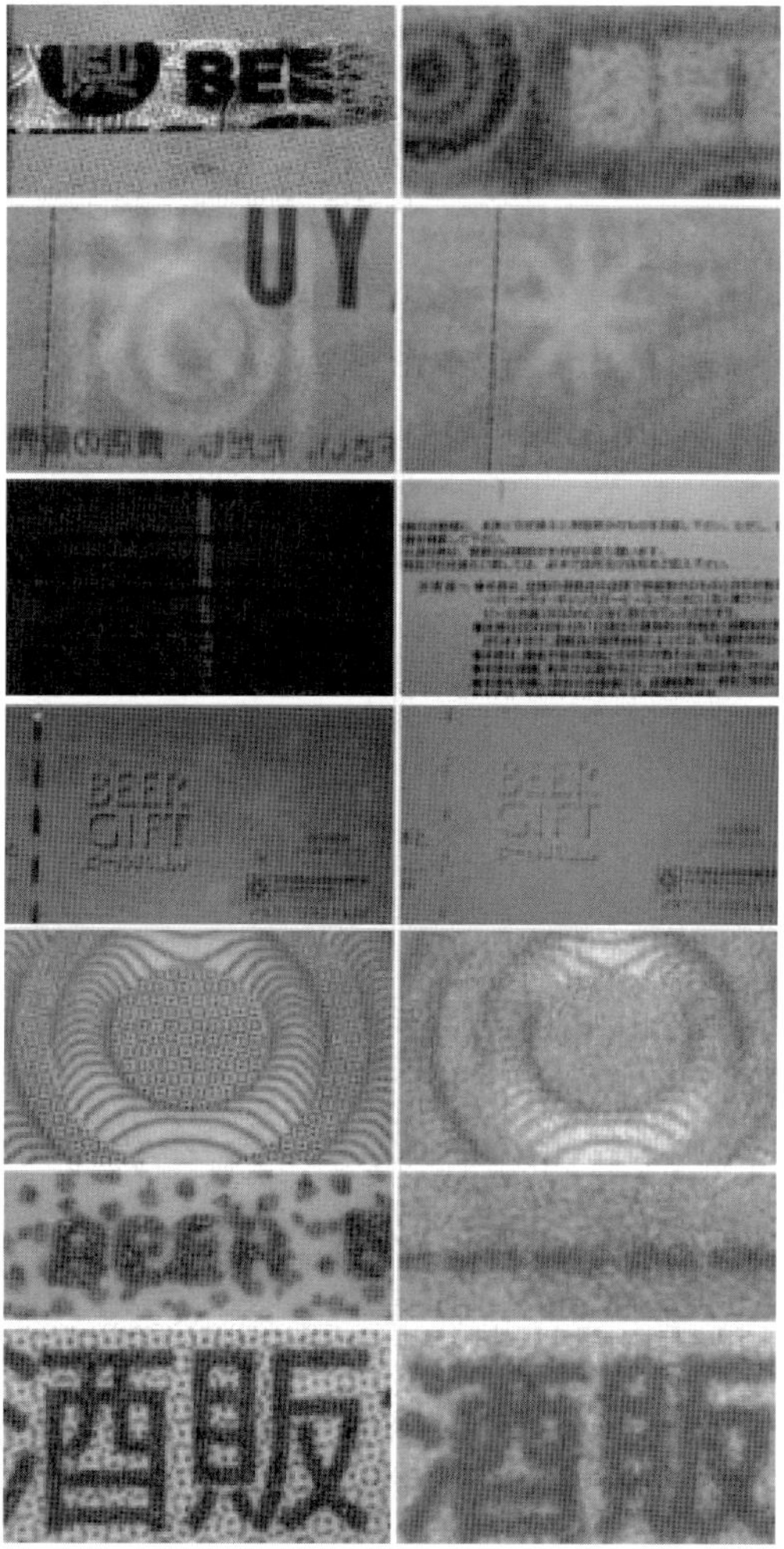

［図2］左の列が本物、右の列がイメージスキャナで画像をファイル化したあとにカラーインクジェットプリンタで印刷した比較用の偽物。

安全線（セキュリティスレッド）のホログラムには、角度を変えて見ると「BEER」と「酒」の文字、酒販組合のマーク（□の中に◎）がキラキラ光って見えます。もちろんコピーした偽物は光ることはありません。また、複写するときに見えていた文字しか再現することは出来ませんから、角度を変えても文字は変わりません。

すかしが採用されていたことには驚きます。光にかざしてみるとビール券の中央より左側縦にいくつかの酒販組合のマークが見えます。すかしもコピーできませんから偽物にはすかしはありません。でも、トリック的に作ることは可能です。例えば表面のデザインが青色に白で星の瞬きをイメージした柄がデザインされているため、裏面の色を濃くして酒販組合のマークを白で印刷してしまえば素人を惑わせることくらないならできるかもしれません。

紫外線反応は紙質などを判断するのに効果的です。ビール券は全体が黒にも見える濃い紫で、安全線（セキュリティスレッド）だけが青白く光ります。偽物はコピー用紙を使って印刷したために全体が青く見えコピー用紙で作ったことはすぐにわかります。

赤外線をあてムービーカメラなどに搭載されている暗視モード（ナイトショット）で撮影すると本物は地模様もしっかり映りますが、偽物は柄を見ることができません。

ビール券の右上にある酒販組合のマークは、クローズアップして見ると紙幣と同じくらいに丁寧な彩紋模様が印刷されており、綺麗な曲線を並べることで柄を構成し、酒販組合のマークを立体的に見せています。偽物は曲線のメリハリも悪く立体感がありません。

このビール券を初めて見たとき左側にある縦の破線は切り取り線だと思っていましたがクローズアップしてみると、それはマイクロ文字で「BEER」の文字が印刷されていました。偽物は破線にしか見えません。

オフセット印刷されている地模様に印刷された文字の殆どは凹版で、偽物と比べてみると違いは簡単にわかります。紙幣ほどインクの盛り上がりはなく、触っても凹版だと感じることはできません。でも、クローズアップで確認するとオフセット印刷のあとから凹版で文字が印刷されたことが見てとれます。偽物は文字の輪郭もあまく、インクの盛り上がりもありません。

国が作る紙幣だけに許されていたと思い込みそうな偽造防止技術ですが、身近な金券にも多用されていることがわかりました。今回、ビール券において七種の偽造防止技術を確認しましたが、これはメーカなどで確認をとった裏づけのある数字ではありません。観察を続ければ他にも偽造防止技術が隠されている可能性もあります。

ところでビール券に七種もの偽造防止技術を盛り込む必要があるのでしょうか。それとも技法としては定番でもあり、偽造抑止効果に期待できるので多くの技法を盛り込んだのでしょうか。たかがビール券、されど金券といったところでしょう。

偽造されるものは紙幣だけではありません。クレジットカード、証書、金券、パスポートや免許証、過去においては高速道路の回数券、現在ではコンサートのチケットのようなものまでもが偽造のターゲットになります。平成二二年三月には、タレントの握手会などで配られる整理券までもが偽造され、モラルの問題から中止に追い込まれました。どのようなものでも偽物が存在するようになると偽造防止技術は商品としての価値を生み、技術そのものが製品として売られるようになります。偽造防止技術など企業からの引き合いも高くなれば一般にも手が届き安価で利用できるようになります。さらに需要が高くなれば簡易印刷の環境においても偽造防止技術が使えるようになるかもしれません。

自宅でマイクロ文字や紫外線反応に対応する技術が使えるようになると偽物も高度化するでしょう。第二章、「紙幣とは」で紹介した中国の偽札は、もはや本物の技術を利用しているためにその違いを見つけ出すことに苦労するほどです。

偽造防止技術は民生技術です。その道のプロとして、そのような会社で仕事をしていれば技術の習得はもちろん可能。出来心から類似品を作り出してしまうことも絶対無いとは言い切れないでしょう。北朝鮮、韓国、中国、台湾、もちろん日本でも多くのブランド品のコピー、偽札、不正コピーされたソフトウェアが存在していることを考えれば何の不思議も無いことです。

偽物を作るには本物を知るところから始まり、摸倣を繰り返すことで悪の技術にも磨きがかかります。偽物を作るためには、その技術を習得した人間に頼るところも大きいのですが、それよりも作れる環境が絶対に必要です。

国家規模で作られる偽札なら環境は絶対不可欠。つまり、本物を作れる印刷設備を持った工場が必要で、原材料であるインクや紙の調達も無視できません。新しいものを作るのではなく、本物とそっくりな偽物を作るのですから、本物の詳細を知るためのリバースエンジニアリングも必要です。偽札の製造途中で警察に見つかっては困ります。その意味での安全確保などセキュリティも必要です。出来上がった偽札を流通させる経路であるマネーロンダリングの確保も無ければ作る意味もありません。このように国家レベルの偽札は本物に極めて似ていること、言い換えれば製造場所が違うだけで本物を作るくらいの技術と環境が存在することになります。

大掛かりな組織も環境も不要で偽物を作ることができたら大変なことになります。いくら民生技術とはいえ、個人で扱えないからこそ高精度な偽物に歯止めがかかっているのは間違いないでしょう。

さて、ここまで紹介してきた偽造防止技術は人を騙す偽札（偽物）を防止するための技術です。偽造防止技術を施した紙幣や金券を複写機でコピーしても、偽造防止技術が使われている印刷部位を複製することはできません。そこさえチェックしていれば偽物の被害にあうことはなく、それこそが偽造防止技術の存在意義でもあります。そっくりな偽札を作ることのできる中国においても、偽百元紙幣がいくらそっくりであっても本物と全く同じではありません。多少であるにしても必ず差異がありまから、本物と偽札の違いさえ承知していれば鑑別は可能です。

では、真偽の鑑別が可能であるにも関わらずどうして人は偽札に騙されてしまうのでしょうか。偽札を使った犯罪は、ほぼ毎年のように発生し、場合によると解決に時間がかかるだけでなく、その間、偽札が増え続けることもあります。第一章でも書きましたが、平成二二年（西暦二〇一〇年）一月東北地方各地でも偽一万円札五十一枚が発見されています。正確な情報はありませんが偽札の特徴として全体に赤みがかかっているので、カラーインクジェットプリンタで出力されたものと思われますが、それよりもホログラムを摸したとのニュース情報もありました。ホログラムは目立つ存在で、仮に複写機でコピーしてもオリジナルを再現することはできません。また、見た目に輝きが無くなるため、誰が見ても一目で違いに気がつきます。ホログラムは偽造防止技術の中でも頼りにしておきたいポイントです。もし、ホログラムが複製できる技術があるのなら、それは驚異となり素人には偽札を見分けることが困難になります。

中国では日本円の偽札が存在し、ホログラムも再現されているとの情報があります。人の目を騙す偽札としては、上位クラスと言えるでしょう。先に書いた東北地方各地で見つかった偽札のホログラムについて「きらきらしているだけでなく、透明感があり、精巧な作りだ」との情報がありました。「まったく同じではないが、一見して似ている」との表現にもとれる話です。もし似ている程度でいいなら素人でも作れるかもしれません。世間の人がホログラムに対してどのようなイメージを持っているのでしょうか?という意味で著者は実験をしてみることにしました。

この実験は、紙幣そっくりのホログラムは作れないにしても、「ホログラムはキラキラと輝く」程度のものを作ってみることで、どの程度人を騙すことができるのかを実験により確認します。もちろんですが著者には紙幣に施されているホログラムと同じものを作る技術も環境もありません。さらにホログラムを作る技術であるホログラフィーについても全く知識もありませんから、何をするにしても模索することで進めることにしました。

用意したのは、パソコンショップなどで売っているインクジェットプリンタ用の葉書サイズのシール。アピカ株式会社より発売されている「きれいシール・シルバーホログラムWP960」です(図3)。

まずは一万円札をイメージスキャナの上に乗せ300 dpi程度の解像度で画像ファイル化します。JPGファイルになった紙幣画像は、ドロー系ソフトで読み込みホログラムの箇所だけを大ざっぱにカットしておきます。引き続きドロー系ソフトの機能を駆使し、例えば消しゴムやエアーブラシを使ってホログラムの輪郭に合わせトリミングをしていきます。このとき、少しだけ地紋を残すのがポイント。後でカラーコピーした偽札に貼り付けたとき、シールの縁と偽札の地色が同化することを考慮しての作業です。図4は上が画像ファイル化し大ざっぱにカットした画像、下がホログラムの輪郭に沿ってトリミングした画像です。

トリミングが出来たら、葉書サイズのホログラムシールをプリンタにセット、ホログラムの縁取りした画像をカラーインクジェットプリンタで出力します。

ホログラムシールは既に地紋が入っています。地紋があるシールの上に紙幣のホログラムを写し取った

［図３］大手家電量販店や文具店、パソコンショップなどで簡単に購入することができるホログラムシール。

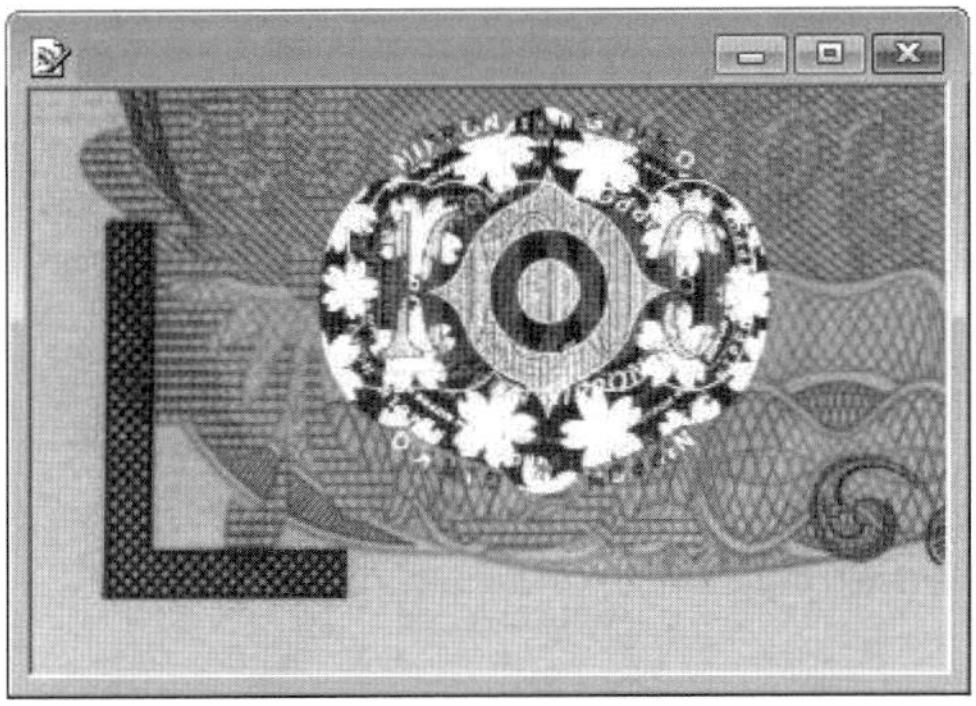

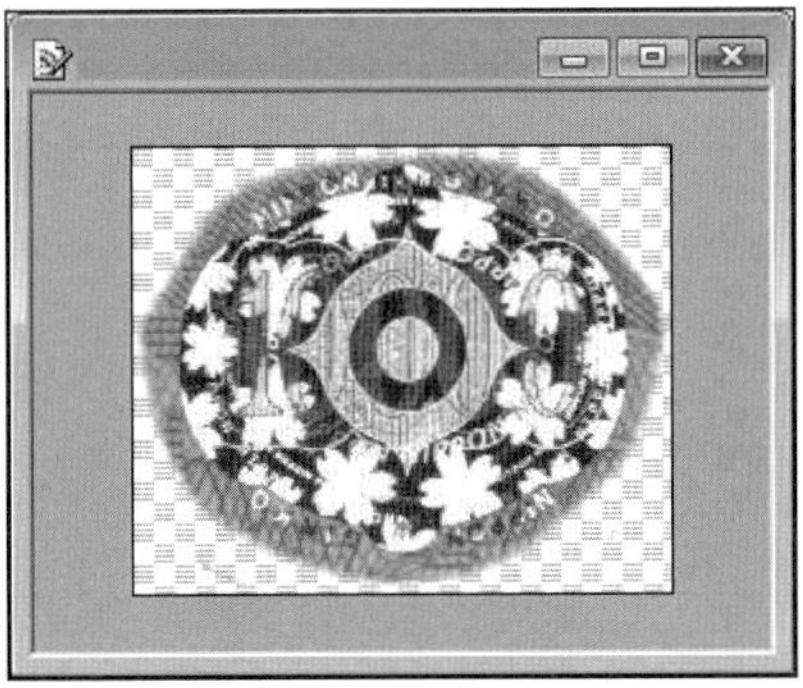

［図４］上は本物の紙幣をイメージスキャナで画像化した。下はその画像でホログラムの輪郭以外を消した様子。

画像を印刷しますから当然柄は二重になります。ホログラム画像を印刷したシールを確認すると予想を下回る期待外れな印刷でした（図5）。

流石にホログラムをマネすることはできません。諦めた気持ちと偽造防止技術としてホログラムの重要性を感じましたが、念のため実験を続けることにします。ホログラムシールに印刷したから画像部分だけを楕円状にハサミで切り抜き、予め用意しておいた一万円札のカラーコピーに貼り付けます。フィルムで出来ているシールは通常のタックシールとは比べものにならないほどで薄いものですが、それでも貼り付けてみると厚みを感じます。

本物と比べるまでもなく、ホログラムシールは全く似ていません。色も違いますしキラメキも違います。本物は淡い輝きでシールはハデにキラキラしています。まねて作ったつもりのホログラムですが一目で偽札だと分かります（図6）。

ところが比較するのではなく、このカラーコピー一枚だけ見ていると不思議なことに疑いが薄れていきます（図7）。

何とも不思議な感じでした。そこでは著者は知人数名に見せてみる実験を考えました。まず、実験対象となる知人について簡単に紹介します。

知人は著者が紙幣について素人レベルの研究をしていることもホームページでそれらを公開していることも承知しています。著者は知人達に紙幣を見せて偽造防止技術について話をすることもありますし、時には危険回避の意味をもって紙幣を複写機でコピーして見せ、その差異を知らせることもあります（もちろんその後は全てシュレッダーにかけて粉砕）。先入観として著者→紙幣→偽札の連想が出来る知人ばかりであることが実験の条件です。言い換えれば、紙幣を見せれば疑ってくるような人を相手にします。では、

［図５］ホログラムシールに紙幣のホログラム画像を印刷した。

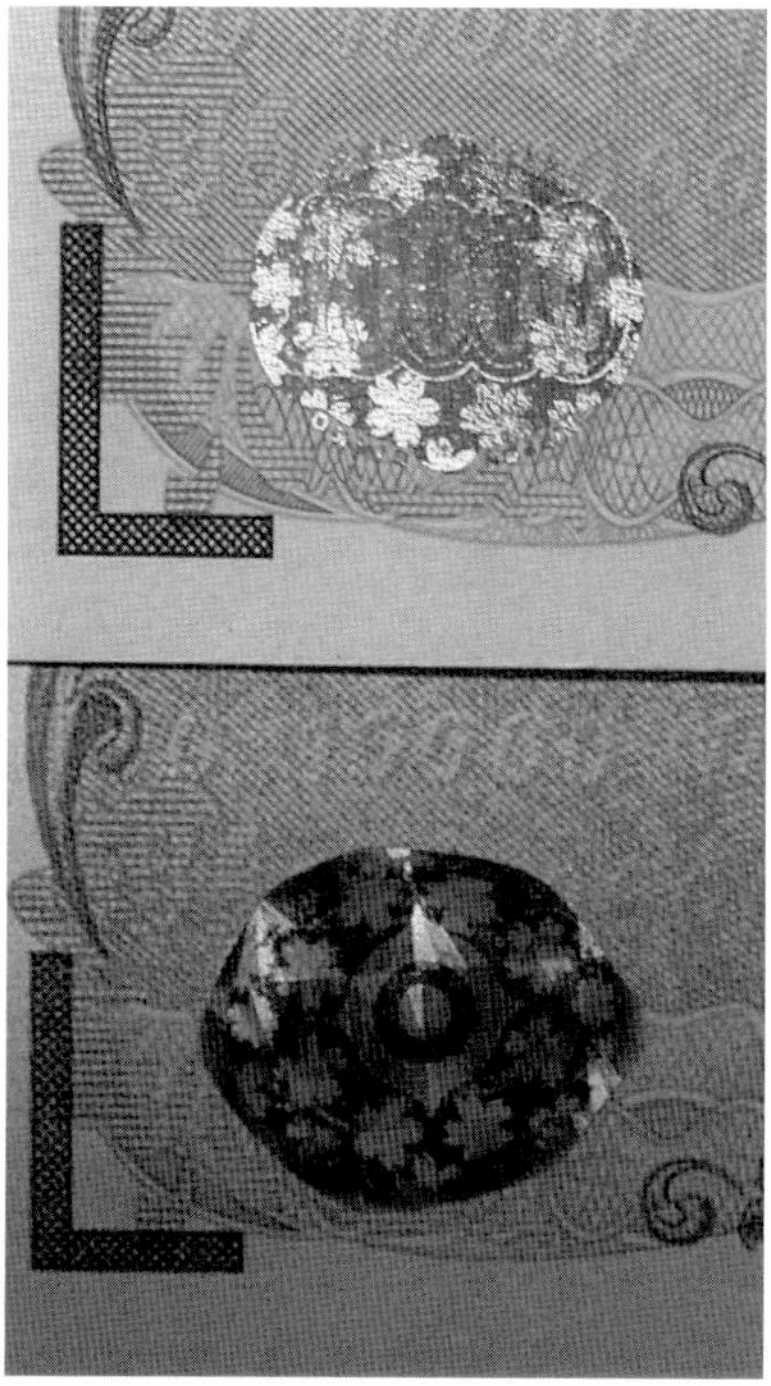

［図６］上が本物、下がコピーとホログラムシール。全く似ていない。

［図７］比較すると偽物にしか見えなかったホログラムシールだが、偽札だけを見ていると本物にも見えてくる。

いよいよ実験の始まりです。

　机の上に本物の外国紙幣数枚とホログラムシールを貼り付けた紙幣カラーコピーを置きました。知人を自室に招き入れ雑談をしていると机を見るなり「全部本物？」と聞かれました。知人は疑ってみたものの本物だと思ったようです。紙幣カラーコピーを黙って渡すと嬉しそうに「くれるの？」と一言。知人はもちろん疑いながら紙幣カラーコピーを見ますが、裏面はカラーコピーしていませんので白紙です。裏面を見るなりがっかりしていました。

　次の実験は、あたかもひらひらと落ちていたかのように床に紙幣カラーコピーを置きました。机の上には、本物の外国紙幣に加え本物のD券千円札、E券千円札、E券五千円札を並べておきます。知人は「一万円が落ちてる、一割な！」と嬉しそうです。でも手は出しません。著者はすぐにカラーコピーであることを知らせました。知人は本物のピン札だと勘違いし、触って折り目をつけると著者に怒られると思って触らなかったと話してくれました。

　三人目は実際にホログラムを貼ったカラーコピーを手渡しました。「裏を見て」と告げると「あ、コピーじゃん」とがっかり。話を聞くと何ら疑いもなく受け取ったそうです。

　四人目は、カラーコピーをもう一枚用意しますが、それにはホログラムを貼り付けておきません。同じように机の上には本物の外国紙幣数枚とD券千円札、E券千円札、E券五千円札、一万円札のカラーコピーと、ホログラムを貼った一万円札のカラーコピーを置いておきます。知人には「偽札はどれだと思う？」と質問をします。返事は予想通りホログラムの貼っていないカラーコピーでした。知人曰く偽札は一枚しかないと思ったから、一番怪しいホログラムの無いカラーコピーを偽札だと思ったそうです。さらに、その知人は外国旅行の経験もなく外国紙幣の知識は殆どありません。外国紙幣を見ても比較にはならず、偽

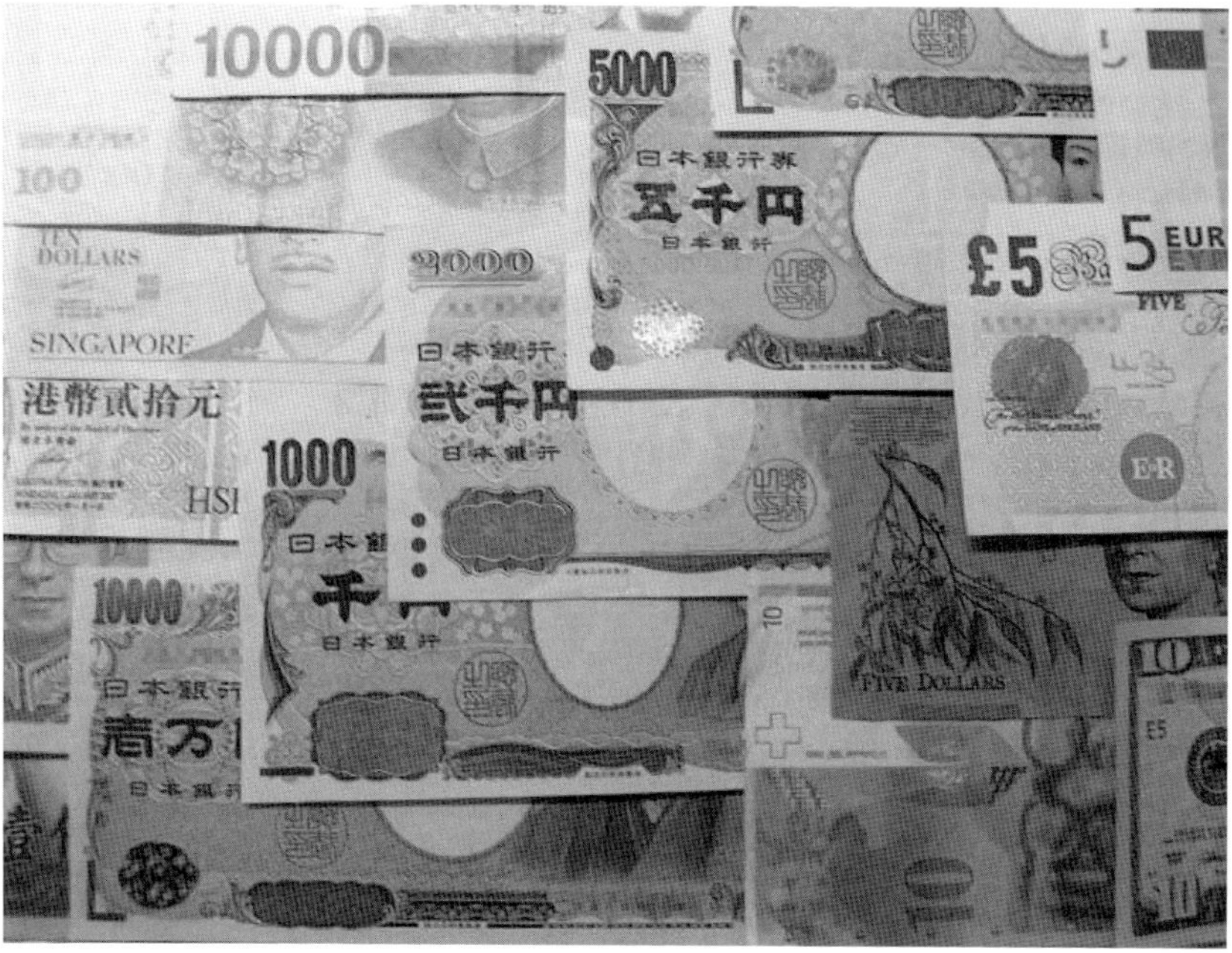


［図８］本物の紙幣の中に一枚だけコピーした偽札を忍ばせてみた。

札の判断材料にはならなかったとも教えてくれました。

五人目は本物の一万円札との比較です。机の上には、本物のD券千円札、D券二千円札、E券千円札、E券五千円札、E券一万円札とホログラムを貼ったカラーコピーを用意しておきました。「カラーコピーが一枚だけある、どれだと思う？」と質問したところ、しばらく眺めていたのは二千円札で「こんなんだっけ？　怪しいなあー」と言いながら結局D券二千円札を手に取り「これが偽物！」。著者はすぐにホログラムを貼ったカラーコピーを見せますが、やはりD券二千円札を見て「これが怪しいと思ったけど」と悔しそうでした。

六人目は、本物の一万円札とホログラムを貼ったカラーコピーを机の上に置きました。いとも簡単にホログラムを貼ったカラーコピーを指さし偽物だと指摘しました。流石に本物と比較した場合は真偽の判断はできるようです。聞いてみると「たぶん、そうだろう」程度の結論だそうです。もう一枚本物を見ないと何とも言えないとも言っていましたが、実際そうだろうと思います。何をもって真とするのかを承知していないと真偽の判断は難しいのが本音でしょう。図8は知人達に見せたホログラムを貼ったカラーコピーと本物の紙幣です。

今回の簡易実験は心理学が何であるかも知らない著者が独断で行った実験です。実験の検証はしてはいません。学術的機関による妥当性の裏付けもしていません。実験やテストなどに精通されている人から見たら論外なのかもしれませんが、実験の裏付けはしないことにしました。それは、片寄った条件下であったにしても六人中五人を騙すことが出来たこと、その知人には普段から著者が本物や偽物の比較をして見せていること、一部知人にはカラーコピーが含まれていることを知らせた上で見せていることなどが実験結果の検証をしない理由です。この実験結果をまとめてみました。

一、異国紙幣が複数ある場合は、見たことがない紙幣は真贋判定ができない。
二、異なる精度の偽札を用意すると、精度が高い偽札を本物と勘違いする。
三、見慣れない日本紙幣は怪しいと思う反面、見慣れた日本紙幣は偽札でも誤認する。
四、一枚だけでは比較することが出来ず本物と誤認する。

人間の記憶など曖昧なようです。そもそも紙幣について興味も危機感も無い日本人のことでもありますから、このような結果が出ても不思議ではありません。今回実験的に作ってみたホログラムシールによる偽造防止技術の再現実験では、そのホログラムシール自体が見た目に強調されており、被験者の意識の中で、ホログラム＝安全、の論理式が働いたのかもしれません。本物の紙幣に使われているホログラムは比べてみても地味な存在で、クレジットカードの会社ロゴのようなハデさなど無いのが実際のところです。

自作したホログラムは誇張されていたからこそ騙されたのかもしれません。

どういうワケか、偽札事件が発生しても詳細な情報は発表されません。仮に新聞発表されても本物と偽札を並べた解像度の低い写真と、紙幣の一連番号である記番号だけ。同じ記番号が偽札として使われていたからといって、その番号を記憶することなどできません。著者は商店レジ前に記番号と犯人像を書いたメモや、タクシーの料金メータに貼られた記番号を目撃したことがあります。正直言って無駄なことをしているとしか思えなかった記憶があります。記番号は偽札情報として重要なものだとは思えないのが理由です。コピーすれば同じ記番号がコピー枚数分だけ作られるのは当たり前、一見すれば筋の通った話のようにも思えます。でも、その偽札は何枚作られ、何枚回収されたのでしょうか。偽札を受け取らないようするためには、その記番号との照合をいつまで行わなければならないのでしょうか。枚数が増えれば偽札記番号リストなるものを作る必要も出てくるでしょう。そのようなリストを見比べながら商売できるのでしょうか。レジ前でお客様を疑いながら紙幣を比べるなど、客商売をしている日本人経営者には考えにくいことだと思います。仮に実行したとすれば夕方のスーパーマーケットのレジは大混雑になることは間違いありません。そのようなことは非現実的であり、打開策のないままとりあえずやってみているだけの啓蒙活動にしか思えません。

いつになっても偽札に振り回されているのは、一、日本において紙幣の話題がタブー化していること、二、本物も偽物も情報不足から不安があおられていること、三、責任の所在を明確にしないと問題が起きる、と考えている頭の固い人達による「事なかれ主義」が原因であると考えています。

実験の結果から、本物がマイクロ文字や特殊インクなど偽造防止技術を多用しているにも関わらず著者のような素人が作ったカラーコピーを本物と勘違いしたのは、それらの技術が頭に焼き付いていないことが理由です。

本書では繰り返し記述していますが日本人はお札を神聖視している傾向があります。お国がやっていること、御上の仕事は安全かつ絶対だと信じ切っているのが理由です。また、そのことについて触れることをヨシとしない不思議な慣習があります。タブー化とは、そのような状態の中にあって、民間企業はお国が作った紙幣を利用した機器を作っているということ。業界団体においてもメーカからの情報や協力のもとで成り立っていて独立性が必ずしも高くないことが想像できます。

真贋を鑑別するには真の情報が不可欠です。情報が広く人々に知られていることが重要ですが、その全てが実用的であるという訳ではありません。例えば多くの国で採用されている偽造防止技術のひとつに磁性体があります。国やその流通時代により異なりますが、紙幣の一部または全体に磁性体が含まれています。これは周知の事実であるにも関わらず、国はそれを明らかにしていません。また、その磁性体はトナーを使った複写機やページプリンタで摸倣することが可能である弱点についても情報はありません。それを知っているのは国と警察と紙幣識別機を作っているメーカと、偽札作りをする犯罪者です。結局、その被害にあう一般人だけが知らないという極めて不合理な状態が現在でも続いているのです。また、これら磁気反応を真贋鑑別の要素として商品化した偽札発券機なるものも存在していますが、これがまた実に粗悪です。著者は何度か使ったことがありますが、磁性体が無い紙でも、磁場の関係から誤動作することもありますし、感度を下げれば本物にも反応しません。いいように騙されるのは、情報不足である一般人だけなのです。

例えば偽札を見分ける方法を銀行に聞くと、ホログラムの存在やすかしを見ること、マイクロ文字のチェックなど、どれも日銀や印刷局が発表している内容ばかりを知らせてきます。偽札の犯罪被害に遭った町や企業は、自衛策として記番号を情報として配布するのが精一杯なところでしょう。

第四章、「本物と偽札の比較」では偽札にランク付けをしました。本物に似ているBクラス、よく似ているAクラス、一見して偽物とは分からない偽札をSクラスと決めました。中国の偽札百元のようにSクラスなら本物の紙幣同様に記番号は全て違います。記番号をチェックすること自体無意味となります。どの偽造防止技術も偽札のクラスによって有効だったり無意味だったりすることを国や銀行が教えてくれないのは何故でしょうか。たまたま同じ記番号が出回ったとすれば、版元が同じであったことが理由になりますが、本物を十枚用意すれば一気に十種類の偽記番号がまき散らされることになります。また、ドロー系ソフトを使えば、画像化した紙幣からコピーアンドペースト機能を使って記番号の特定した数字を別の桁にコピーすることもできます。そうなれば世の中に無い記番号を作り出すことも不可能ではありません。そもそも覚えられないであろう九桁の数字に頼ることなど無理なのです。そうであればパールインキ、深凹版印刷、すかしなどは複写機によるカラーコピー程度のものでしょう。もしBクラスの偽札なら、それは再現されませんから、「紙幣両端にあるパールインキをチェックしましょう！」の一言で済むはずです。パソコンやイメージスキャナなど駆使し、今回の実験のようにホログラムシールを貼り付けた偽札を仮にAクラスとしても、やはりパールインキ、深凹版印刷、すかしは再現されません。素人が作る人を騙す偽札であれば、パールインキ、深凹版印刷、すかしを見れば十分なはずです。もし、すかしを見るようなハデなパフォーマンスは営業上お客様に失礼だとするならば、パールインキと指で触ればすぐにわかる深凹版印刷の二か所をチェックするだけで、日本で作られる偽札は完全に近い状態で排除できるはずです。

最悪、マイクロ文字やホログラム、パールインキやすかしを摸倣したSクラスの偽札が出たらそれは現状では不可抗力に相当する状態です。

長所、短所、技法の目的と効果をはっきりとした情報として提供することが必要なハズなのですが、責任の所在を明らかにしなければならないお堅いところでは、明確にできないがために足かせとなり一般人を被害者にしています。

偽札に騙されない情報とは、その違いを知ることが最善だと考えています。複写機やイメージスキャナによるコピーでは、パールインキは再現できないこと、額面が印刷されている深凹版印刷箇所は指で触ってもインクの盛り上がりは感じられないこと。例えばこの二種を知っているだけで十分だと著者は考えています。その他の偽造防止技術はチェックするに値しないのです。

どうしても他の要素を真贋ポイントとして押さえておきたいなら、例えばキャッシュレジスターに紫外線ランプ（ブラックライト）を付けるなどオプション機能を商品化してくれる余裕あるメーカが出てくれば偽造防止技術も生きてこようというものです。

## 二、技術へのこだわり

紙幣を観察しているとお国柄を感じることがあります。第三章「紙幣識別機の構造」で紹介した片寄った五ドルや二十ドル紙幣などはよい例だと思います。製品としての基準や考え方が国によって違うところが、それはそれで面白いところでもあります。

紙幣は全く同じものを大量に長期にわたり継続的に印刷する必要があります。また、時間とともに紙幣の特徴が変わっては、何をもって本物としていいのか基準が無くなってしまうため安定した印刷も不可欠です。それだけではなく凹版印刷のように印刷としての特徴も必要で印刷局においては、ドライオフセットの凹版印刷機が活躍しています。版を使った印刷手法は、どうしてもその版自体に寿命があります。一定期間利用された版は廃棄され新しい版と交換して紙幣の印刷を続けます。寸分違わぬ版を繰り返し作り続けることができるのも印刷技術だと考えています。

複合機やページプリンタなどデジタル印刷機であれば、作業も早いのでしょうが、偽造防止技術を紙幣に施すためにはやはり輪転機を回すような印刷手法でなければならないでしょう。昔からある印刷技法には有効なポイントがあるのだろうと思います。また、世界中のどの国も細密かつ安定した印刷で紙幣を作っていることを考えると、高い印刷技術が世界中に浸透していることも想像できます。高い印刷技術を持っているなら、同じ柄を繰り返し印刷できることなどは当たり前、紙幣一枚ずつ違う印刷をする記番号こそ、技術やこだわりに違いが出るに違いないと著者は想像しました。

紙幣の記番号は、その紙幣一枚固有の数字が印刷されています（図9〜図20）。大量印刷されている柄の中でそれぞれ違う印刷がされるのが記番号なのです。国により特徴もあり、色、大きさ、文字デザインが違うだけでなく、一連番号の中で位が変わると文字の大きさが変わるものまであります。まさにお国柄なところです。大量高速に印刷される紙幣の印刷工程において唯一異なる印刷をしなくてはならない記番号は、印刷技術の見せ所であると言えるのではないでしょうか。

アメリカのドルは文字が欠けている箇所があります。ユーロやタイのバーツは文字欠けだけでなくインクが飛んでいます。中国の元はインクが輪郭より外側にはみ出しています。イギリスのポンドにおいても輪郭に乱れがありました。記番号などの数字や記号は見えればいいだろう程度に思っているのかはわかりませんが、気にしていないのは事実でしょう。それともこの「乱れ」こそが偽造防止技術なのでしょうか。

スイスのフラン、香港ドル、シンガポールドル、日本円の記番号は綺麗な仕上がりであることを考えれ

［図 9］
アメリカドルの記番号

［図 10］
ユーロの記番号

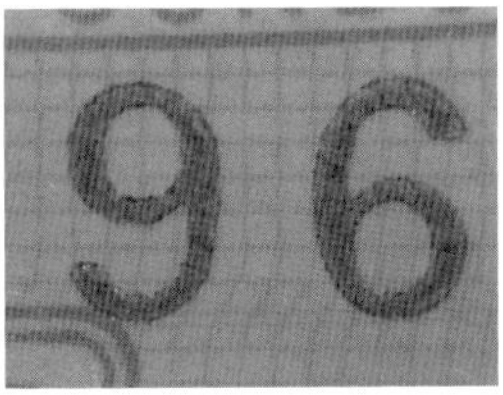


［図 11］
イギリスポンドの記番号

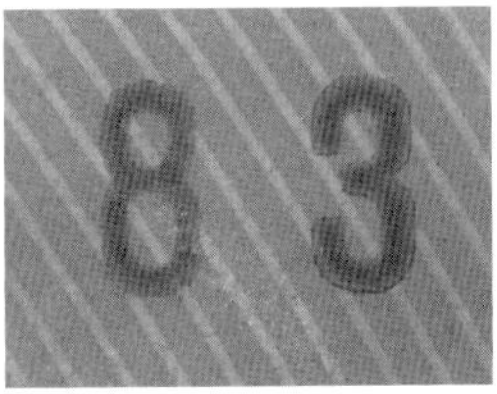


［図 12］
オーストラリアドルの記番号

［図 13］
スイスフランの記番号

［図 14］
香港ドルの記番号

［図 15］
韓国ウォンの記番号

［図 16］
中国元の記番号

［図 17］
シンガポールドルの記番号

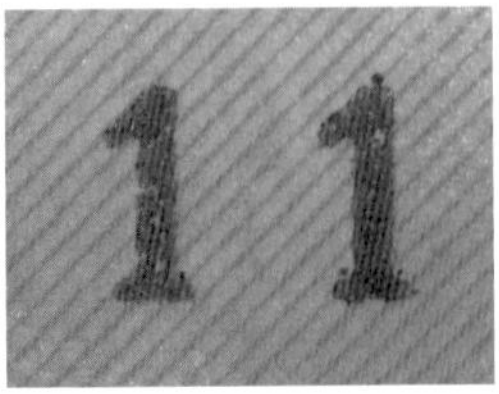


［図 18］
タイバーツの記番号

［図 19］
台湾ドルの記番号

［図 20］
日本円の記番号

ば、こだわりがあることも想像できますし、記番号を印刷するための機械や精度にも特徴があるのではないでしょうか。重箱の隅をつつくような話ですが、こだわりであると考えています。特に紙幣であれば、それは国の顔であり主張や威厳にも似たものがあるだろうと想像しています。

## 三、危険な偽造の実態

見せてサインすれば済むだけの簡単便利なクレジットカードは、そのカードが複製または偽造できてしまえば、無限に使える魔法のカードになります。現在のようなインターネットの時代であれば、クレジット番号だけ盗まれても犯罪に使われてしまいます。

健康保険証を複製すれば、保健医療を受けることも可能で、これに関しては複製された被害者が損をしない被害者無き犯罪となります。日本では健康保険証がＩＤカードの役割もしています。顔写真のない健康保険証は、一度盗まれると免許証やパスポートが作れてしまうため、実はもっとも注意をしておきたい存在なのですが、つい最近まで殆どの健康保険証は紙ペラ一枚だけの誰でも複製できる危険な存在でした。近年ようやくカード化され一部はホログラムも施されていますが、医療機関にとって初めて見る健康保険証など沢山あるに違いありません。政府管掌、企業組合で給付している健康保険被保険者証は、何れもサイズは同じで、表記されている内容については大差ありません。記載配置が似ているものの詳細に統一はなく偽造防止策も弱く思えます（図21）。

住民票の写しは他人でも受け取ることができます。誰でも閲覧可能でありプライバシー情報を云々している国とは思えないほどのザル規制といえます。本人確認などあって無いようなものである事実を、誰もが知らないことに恐ろしさを著者は感じています。

最近よく社員証や通行証などのカードを首からぶら下げている人を見かけます。本人写真や名前が印刷されています。ＩＣカード、磁気カードなどもありますが、ただのプラスチック製であることも珍しくないのが社員証です。プラスチック製なら文房具店や大手家電量販店、パソコンショップに行けばいくらでも売っています。自分で適当にデザインして、自身の写真を貼り付ければすぐに偽ＩＤカードは作れてしまいます。その会社の社員証を偽造して外交員を装い集金する詐欺事件が起きても不思議はありません。

非接触型として有名なＩＣカードやＩＣカードリーダは、実は誰でもが購入できる一般商品で、専門メーカに注文すれば数日で届けてくれます（図22）。コンピュータソフトウェア会社を装い「タイムカードシステムの開発担当者です」とでも言えば機密保持契約を作ってくれるだけでなく、開発キットなるソフトウェアも入手できます。

少々のソフトウェア技術があれば世の中にあるカードを解析し複製することも不可能ではありません。関連会社に勤めている社員が悪事を働くなら、その関連ソフトを複製してしまえばそれで終わり。第三者に売りつけることも可能ですし、その経路は分からないままになるのでしょう。

その昔、テレホンカードを変造し、繰り返し公衆電話を使う犯罪がありました。まだ記憶に残っているところです。数年前に起きた犯罪は、そのテレホンカードの自動販売機に「機械を騙す偽札」が利用されていました。大量に抜き取られたテレホンカードは、そのまま金券ショップなどで現金化されてしまいます。金券ショップに持ち込まなくても、公衆電話から自ら運営するダイヤルＱ２宛に電話して課金することも可能です。これがマネーロンダリングです。機械を相手にする偽造の場合、その手口や手法に関係なく犯罪者にとって安全性が高いと言えます。

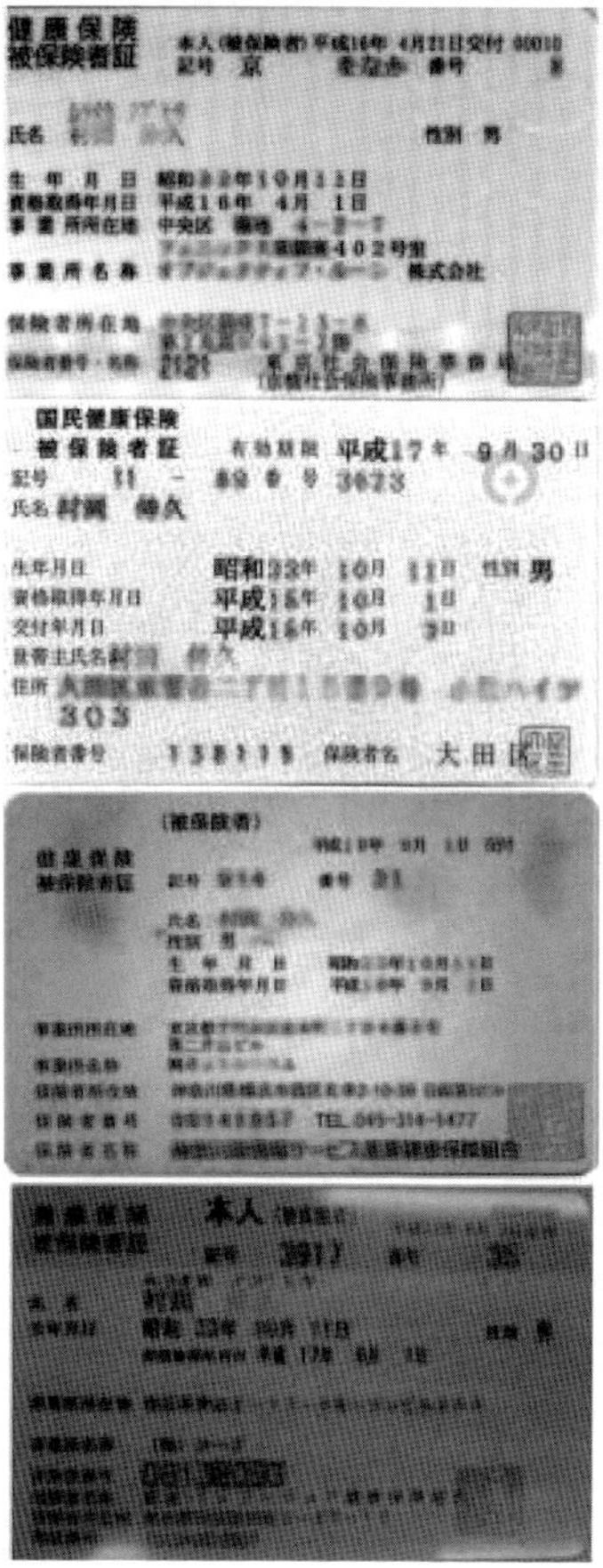


［図 21］最近の健康保険証、サイズは同じだがデザインに統一感はない。

［図 22］ブランク IC カード。専用 IC カードリライターと専用ソフトは入手可能で IC カードの複製も可能だ。

領収書の偽造も簡単です。店のゴム印や社判、角印などは一度本物をイメージスキャナで画像ファイル化するだけです。輪郭以外を消してしまい、赤か朱色で印刷すれば角印などすぐに摸倣できてしまいます。市販されている領収書にでもプリントすればおしまいです。手書きが苦手な人にはチェックライターもありますし、その文字セットと同じTrue Type Fontもインターネットからダウンロードできます。

タクシーのレシートを偽造するのも簡単です。市販されているサーマルプリンタを使えばそっくりな領収書を作ることができます。脱税や企業内犯罪などで使われてしまう危険性があると考えておくべきでしょう。

有価証券、中央官庁に提出する会社文書、議事録、バランスシート、会社経歴書、何でもどのようなものでも偽造は可能です。代表者印や社判などは町の判子屋さんに頼めば裏付け無しで簡単に作れます。悪意ある会社は純白や再生紙といった少々色の違うコピー用紙を複数用意しています。再生紙は色あせた感じにも見え印刷書類を古く見せる便利な存在らしいのです。なんとも用意周到なことをします。さらにはそれらを指導する税理士がいるらしいことにも驚きです。闇の商売とでも言えば簡単ですが、何でもアリであるのも事実。知らぬが仏程度で済めば良いですが、知らぬ間に加害者の仲間にされていたとしたらたまりません。

ここまで書いたことは何も著者のアイデアではありません。マニア向け専門雑誌などで公開されているアンダーグラウンド的な情報で、読んだことのある人なら珍しくもない話題です。

どのようなものでも偽造が存在していることをご理解いただけましたでしょうか。本書が取り扱っている偽札犯罪は、紙幣が存在している限り無くなることはありません。偽造防止技術が発達してもその技術が民生技術である以上は国家レベルの組織犯罪には太刀打ちできません。いとも簡単に偽造されてしまうことも当たり前で、それに驚いているようではお人好しなのかもしれません。

## 四、国とメーカ

著者が紙幣や紙幣識別機や偽札鑑別機に興味を持ったのは、ある出来事があったためです。それは深夜の繁華街近くにある電車の駅でのこと。まだパスモやスイカの無い時代で、終電近くになり沢山の人が駅の券売機に並んでいました。最後尾に付きしばらく待ち自分の番になったところで紙幣を取り出し券売機に入れますが、すぐに戻ってきます。方向を変えたり、裏返ししたりするのですが受け付けてくれません。駅員に連絡を入れると隣の券売機で試してくれとの返事でした。列を変え、最後尾に並ぶことになりました。長い列を我慢すること数分、ようやく自分の番がやってきました。今度はすんなり紙幣を受け付けてくれました。切符を購入しホームに駆け上がったことを記憶しています。このとき、どうして紙幣が戻ってくるのか不思議に思いました。著者が持っていた紙幣が悪いのであれば納得できます。でも、隣の券売機では普通に使えました。たまたま持っていた紙幣が不良品であったわけでもなさそうです。また、最初に並んでいた券売機は、著者の後ろに並んでいた利用客が普通に使えていたことを考えれば券売機が壊れていたようでもありません。なんら知識の無い私は実に不思議な気持ちであったことを覚えています。

手垢やシワなどによる紙幣の劣化が原因、紙幣には個体差があるため、基準を満たさなかった私の紙幣はその券売機だけに拒絶されたことを後から理解するに至り、この現象は考え方を変えれば犯罪に成りかねないことに気がつくのは、そう先のことでもありませんでした。

著者は、まず紙幣識別機を入手しました。中を開けると光センサと磁気センサしか無かったことに正直驚きました。見たこともないような不思議なセンサで材質でもチェックしているのかと想像していただけに、落胆したことを覚えています。透過型の光センサを使っているなら色は見ていない。磁気センサを使っているなら磁性体が含まれていることは瞬間的に理解できました。光を透過することで何かをチェックしているにしても、表面と裏面の両方の柄を同時に見ることになりますから、紙幣の印刷ズレを考慮すれば、透過型センサで見られるレベルもそうたいしたことはないだろうとの思いも自然にわいてきます。

偽札が簡単にできるということよりも、いい加減な判定しかしていない、性善説と思えるような仕様のもとで動作している紙幣識別機に驚いてしまいました。真贋の判定などはできません。むしろ入れられた紙幣が日本円であり、千円札、五千円札、一万円札の何れかに近いものである、程度の判断です。

丁度そのころ、テレビや新聞では「スーパーK」なるアメリカドル紙幣の偽札が世の中を騒がせていました。TVを見ていたら偽札発見機なる機械の紹介があり「スーパーKを見つけることができる」との内容を放送していました。アナウンサーがその偽札発見機に本物のアメリカドル紙幣を入れると何故か戻ってきます。「あれ?」と言いながら入れ直しているのを見て思わず苦笑しました。著者はとても不思議に思い見入っていました。

偽札を発見できても、本物も偽札の仲間にされてしまう機械なんて、本当に必要なのだろうか。そのような嫌みにもとれる思いをした瞬間に、本物を本物であると認識できれば、本物以外は偽札であるとの考えが極めて正しいと思うようになりました。

実はこの考え方は論理的ではありますが、後に非常に難しいことがわかりました。今の紙幣鑑別機は偽札情報である偽札の特徴を調べることで偽札を探しています。簡単な例として偽札が発見されるとその記番号を登録し、同じ番号を見つけるとはじくようになっているというものがあります。でも、最初の偽札には無力です。ところがこのことを表現するのはタブーらしく公表されません。

著者は、展示会で最新鋭と言われる偽札鑑別機を見たことがあります。会場では担当営業が外国紙幣を偽札に見立て、本物の紙幣と一緒に紙幣鑑別機に通し実演していました。著者が近づき見せてもらうと、担当営業はポケットから本物の紙幣を取り出し偽札鑑別機に通しました。ところが、入れた紙幣はブザー音と共に赤のＬＥＤが点灯し排除されてしまいました。本物の紙幣を偽札と誤動作した瞬間、担当営業は「あ、コレはシワが多すぎですね」と苦しい言い訳。

どのような識別機や鑑別機においてもシワや汚れのある紙幣は対象外としていることが操作説明書に記載されているのは事実です。でも、そのような非現実的なことを条件にするようでは、日本のメーカも先が見えているというものです。

自動販売機に内蔵されている紙幣識別機は偽札を発見する機能は入っていません。本物の紙幣らしい特徴を予め機械に登録しておき、その情報を照らし合わせることで判断をしています。その特徴といっても繰り返しになりますが、透過型光センサを使っていますので、両面の柄を透過させたときに得られる光による柄の濃淡と、紙幣に含まれている磁性体反応だけです。

紙幣が使える自動販売機が登場してからどのくらい経つのでしょうか。少なくとも四十年前後は経っていると思いますが著者も調べたことはありません。しかし。何年たってもセンサの種類が変わらないことには、やはり驚きます。

構造上の問題、つまり自動販売機内部にユニットをセットするためには、大きさの条件もあるでしょう。筐体を大きくできないのであればセンサの種類は増やせないでしょう。年に数回ある一部の場所だけに発生する偽札のために、全国規模で入れ替えるなど費用対効果から見ても意味が無いのかもしれません。

「もっと偽札騒ぎがひどくなったら考えよう」程度の事かもしれません。何れにしても大きな変化が無いのが紙幣識別機の判定方法です。

紙幣は印刷局が作っています。紙幣識別機は一般メーカによる製造です。両者間に情報の行き来があればこそ、新札の発券と同時に紙幣識別機の新札対応が可能となります。その昔、流通している紙幣の中には、よれていたり、紙のこしが無くなっていたり、シワや折り目でくしゃくしゃな汚い紙幣をよく見かけました。現在、日本の紙幣は世界的に見ても綺麗な紙幣が流通しています。理由は、日銀が紙幣の寿命を短くし、短期間で回収、新札と入れ替えをしている結果によるものです。

紙幣識別機が新札から汚れている紙幣まで、幅広く本物と認識させるためには、そのストライクゾーンを大きくする必要があります。機械を騙す偽札は、そもそも汚れた紙幣の紙質に類似している点があるため、汚れた本物の紙幣同様に紙幣識別機の中に入ってしまいます。これを阻止するためにはストライクゾーンを狭めればいいのですが、そうすると今度は本物の汚れた紙幣までもが入らなくなってしまいます。そこで日銀は、紙幣識別機メーカがストライクゾーンを狭めてもいいように、汚れた紙幣を市中から排除することにしました。

言い換えれば日銀は紙幣識別機メーカのために税金をはたいて紙幣を毎日入れ替えているのです。いつまでそのようなことを続けるのでしょうか。国とメーカがどのような話をしているのかは知りませんが、偽札は進歩を続けています。引き続き自動販売機を攻略する偽札は現れることでしょう。今度はどのような対応をするのでしょう、まだまだ目が離せません。

業界とは一切関係ない、素人かつ趣味で紙幣や紙幣識別機を調べている著者からあえて辛口な意見を申し上げておきたいと思います。

「閉鎖的な環境で開発していませんか?」

「犯罪者だけが悪く、対応できないのは紙の印刷だからと決めつけていませんか?」

「ICタグを利用するしかない、と安易なことを冗談交じりに話しているようでは、日本の底力を見せられませんよ」

最後に一言。

偽札は紙幣の歴史の一部、紙幣と共に偽札も進化しています。

## あとがき

社会において、コンピュータが発達することでペーパレスとなり、紙の消費は激減すると言われた時代がありました。ところが事実はまったく逆。プリンタの発達も拍車を掛け紙の消費は増え続けました。西暦二〇〇〇年頃をピークにエコというテーマのもと、消費にブレーキを掛けようとはしていますが消費量は横ばい、年間約三千万トンの消費をつづけています。紙の消費は減ってはいません。

クレジット社会になり、インターネットを使った取引も盛んになってくると、現金を持ち歩く人は少なくなる。当然ながら紙幣も不要になるのではないか、と思っている人がいます。ところが発行される紙幣は確実に増えています。紙には紙の便利な点があるのですが、現時点ではそれを覆すことが出来ないため紙幣が世の中から消えることもありません。

紙幣は、便利な存在だからこそ四百年以上もの歴史があると思っています。残念なのは、同じ歴史の中に偽札が存在していることです。紙幣の歴史は偽札の歴史でもあります。新しい紙幣を発行することで、偽札は一時的に減りますが、時間が経つと新しい手口も見つかり偽札は登場します。まさにイタチごっこであるのが現状です。なおも偽札との奮闘は続くことになりますが、自身が被害者になることだけは避けたいものです。

紙幣はこれからも発展を続け、新たな偽札防止技術が加えられる事でしょう。願わくば、偽造を防止するだけの下劣なデザインは避け、見た目に美しく日本人らしい丁寧な仕上がりであり続けることに期待したいものです。

偽札鑑別機、自動販売機に搭載される紙幣識別機の開発は、偽札に対して後手の状態です。アイデア不足なのでしょうか、エンジニアの努力に期待したいのですが平和な日本であるがゆえ、エンジニアの探求心は高いようには思えません。紙幣に興味があり偽札の脅威に対して危機感を持つエンジニアが増えることを望んでいます。

執筆に際し国書刊行会編集部の赤澤さんには大変お世話になりました。また、情報収集に協力をしてくれた弘一君、写真提供してくれたＳＣＩさん、作業環境を提供してくれた山田あすかさん、純子さんへこの場を以てお礼を申し上げます。

参考資料：

古事類苑ページ検索システム　http://shinku.nichibun.ac.jp/kojiruien/index.html

『贋札の世界史』著者：植村峻（ＮＨＫ出版）

『お札と切手のはなし』（銀行券・郵便切手のできるまで）著者：植村峻（印刷局朝陽会）

お札と切手の博物館

国立印刷局滝野川工場（平成二一年現在工事のため見学できません）

日本銀行金融研究所貨幣博物館

# 付録　日本紙幣の紹介と各種機器のプロテクトについて

## 一、シリーズ

沢山ある紙幣を分類するために昭和二一年（西暦一九四六年）以降、記号でシリーズ化しています【図1・2】。記号は甲乙丙丁いろはABCDEと順に付けられ平成二二年現在、E券が流通しています。

| シリーズ記号 | 使用期間 |
|---|---|
| 甲、乙、丙、丁 | 明治一八年(西暦一八八五年)～昭和十年(西暦一九三五年) |
| い、ろ | 昭和一七年(西暦一九四二年)～昭和二〇年(西暦一九四五年) |
| A、B、C、D、E | 昭和二一年(西暦一九四六年)以降 |

【図1】発行元である日銀は紙幣を管理するためにシリーズ化した。

| シリーズ | 額面 | 発行年 | 表面デザイン | 状態 | 特長 |
|---|---|---|---|---|---|
| A券 | 一円 | 昭和二一(西暦一九四六) | 二宮尊徳 | 支払い停止 | すかしが無い　民間印刷 |
| | 五円 | 昭和二一(西暦一九四六) | 彩紋模様 | 支払い停止 | |
| | 十円 | 昭和二一(西暦一九四六) | 国会議事堂 | 支払い停止 | |
| | 百円 | 昭和二一(西暦一九四六) | 聖徳太子 | 支払い停止 | 記番号採用 |
| B券 | 五拾円 | 昭和二六(西暦一九五一) | 高橋是清 | 支払い停止 | 散らしすかし |
| | 百円 | 昭和二八(西暦一九五三) | 板垣退助 | 支払い停止 | 見にくいすかし |
| | 五百円 | 昭和二六(西暦一九五一) | 岩倉具視 | 支払い停止 | |
| | 千円 | 昭和二五(西暦一九五〇) | 聖徳太子 | 支払い停止 | B券最初の紙幣 |
| C券 | 五百円 | 昭和四四(西暦一九六九) | 岩倉具視 | 支払い停止 | すかし位置に印刷が無い |
| | 千円 | 昭和三八(西暦一九六三) | 伊藤博文 | 支払い停止 | B券チ－37号事件対応 |
| | 五千円 | 昭和三二(西暦一九五七) | 聖徳太子 | 支払い停止 | シリーズ内に同一肖像 |
| | 一万円 | 昭和三三(西暦一九五八) | 聖徳太子 | 支払い停止 | |
| D券 | 千円 | 昭和五九(西暦一九八四) | 夏目漱石 | 支払い停止 | 肖像文化人採用。千円札製造銘版が、大蔵省、財務省、国立印刷局の三種類存在する |
| | 二千円 | 平成一二(西暦二〇〇〇) | 守礼門 | | |
| | 五千円 | 昭和五九(西暦一九八四) | 新渡戸稲造 | 支払い停止 | |
| | 一万円 | 昭和五九(西暦一九八四) | 福沢諭吉 | 支払い停止 | |
| E券 | 千円 | 平成一六(西暦二〇〇四) | 野口英世 | | |
| | 五千円 | 平成一六(西暦二〇〇四) | 樋口一葉 | | ホログラムを採用 |
| | 一万円 | 平成一六(西暦二〇〇四) | 福沢諭吉 | | |

【図2】支払い停止になったA券からD券の紙幣は現在でも額面どおりの価値として使用できる。

## 二、古い紙幣

市中から姿を消した紙幣ではあっても記憶に残るものは沢山あります【図3・4・5・6・7】。タンスの奥を探すと古いお札が出てくるかもしれません。残念ながら希少価値は低く、古銭を扱う店を見ても決して高価な取引はされていません。

【図3】
百円札 板垣退助

【図4】
五百円札 岩倉具視

【図5】
五千円 聖徳太子

【図6】
千円札 伊藤博文

【図7】
五千円札 新渡戸稲造

## 三、現行紙幣

平成二二年七月現在、日本で発券されている紙幣、E券千円札、D券二千円札、E券五千円札、E券一万円札の紹介と偽造防止策のポイント例（写真上の番号が偽造防止技術がほどこされている部分）【図8・9・10・11・12・13・14・15】。

①凹版印刷：指で触るとインクの盛り上がりがわかる。
②深凹版印刷：通常の凹版よりもインクが盛り上がっている。
③識別マーク：目の不自由な方用に深凹版で金種を表す。
④すかし：光にすかすと柄が見える。
⑤すき入れバーパターン：光にすかすと縦線が見える。
⑥潜像模様：見る角度を変えると表面は数字、裏面は文字が見える。
⑦マイクロ文字：柄のように見える小さな文字。
⑧隠し文字：ニホンの三文字が柄の中に隠されている。
⑨ユーリオン：スキャナや複写機に紙幣であると認識させるための図柄。
⑩特殊インク印：印章に紫外線（ブラックライト）をあてると輝く。
⑪パールインク：傾けるとピンク色が見える。
⑫ホログラム：光の当たり具合で模様や額面がキラキラと変化する。
⑬二千円札の光学的変化インク：見る角度で「2000」の文字色（青緑と紫色）が変化する。

### 1. E券千円札

サイズ：縦七十六ミリ、横百五十ミリ
発行年度：平成一六年（西暦二〇〇四年）一一月一日
表面：野口英世
裏面：逆さ富士
色数：表面一三色　裏面七色

【図8】E券千円札（表）

【図9】E券千円札（裏）

2. D券二千円札

サイズ：縦七十六ミリ、横百五十四ミリ

発行年度：平成一二年（西暦二〇〇〇年）七月一九日

表面：守礼門

裏面：源氏物語絵巻「鈴虫」と詞書、紫式部

色数：表面十五色　裏面七色

※戦後初の二が付く紙幣。

【図10】D券二千円札（表）

【図11】D券二千円札（裏）

3. E券五千円札

サイズ：縦七十六ミリ、横百五十六ミリ

発行年度：平成一六年（西暦二〇〇四年）一一月一日

表面：樋口一葉

裏面：尾形光琳の燕子花

色数：表面十四色　裏面七色

※日本銀行券として初の女性肖像。

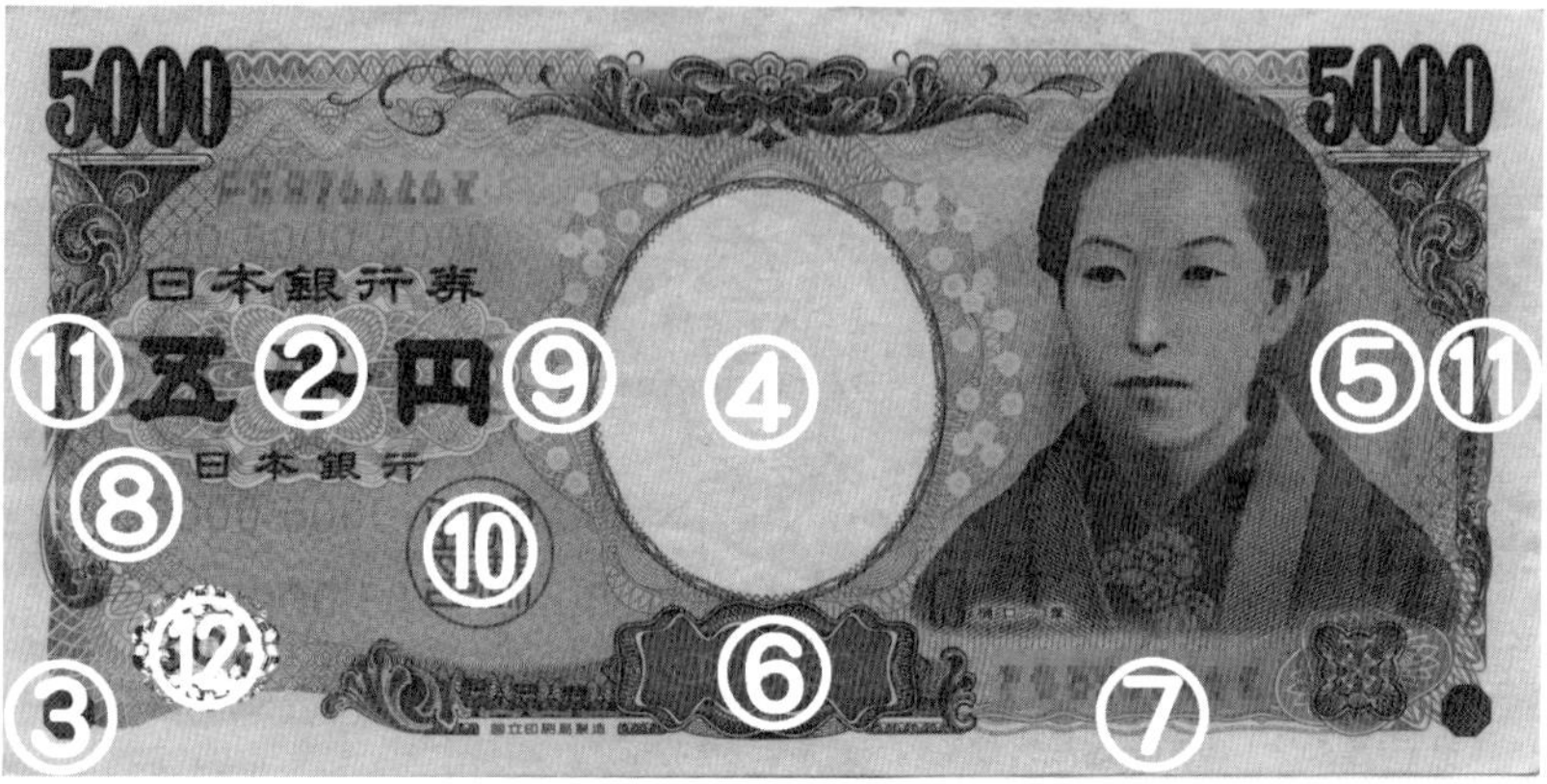


【図12】E券五千円札（表）

【図13】E券五千円札（裏）

4. E券一万円札

サイズ：縦七十六ミリ、横百六十ミリ

発行年度：平成一六年（西暦二〇〇四年）一一月一日

表面：福沢諭吉

裏面：平等院の鳳凰像

色数：表面十四色　裏面七色

※D券からE券に変わっても引き続き福沢諭吉が肖像に採用されている。新券発行時に同一額面で肖像が変わらなかったのは初めて。

【図14】E券一万円札（表）

【図15】E券一万円札（裏）

## 四、プロテクト

本書におけるプロテクトとは、複写機などを利用した複製、スキャナやプリンタを使った簡易印刷を抑止するための技術で、違法な複製を抑止するために開発された手法の事をいいます。

プロテクトには、紙幣画像を認識し抑止する方法と、紙幣に隠された図案（第二章のユーリオン：65ページを参照）を認識することで抑止する方法がありますが、何れのプロテクトにもセキュリティホールがあり回避策も存在しています。また、プロテクト装備は法的な規制もなくメーカ判断に任されています。個人が利用する機器の多くにはプロテクトが採用されていますが、オフィス用機器では採用されていないケースもあります。さらにプロ用機材にはまったくプロテクトは無く、ザル的な技術であるとも考えられます。プロテクトの現状と問題点を知ることは危機感を得ることになると確信し、プロテクトの現状を紹介します。

一般家庭用のエプソン製インクジェットプリンタにおけるプロテクトは、第五章にも書きましたが、紙幣の印刷を始めると印字動作は途中で止まり、インターネットのURLが印字されました【図16・17】。

【図16】エプソン製インクジェットプリンタ。途中で印刷を中止すると同時にURLがプリントされた。

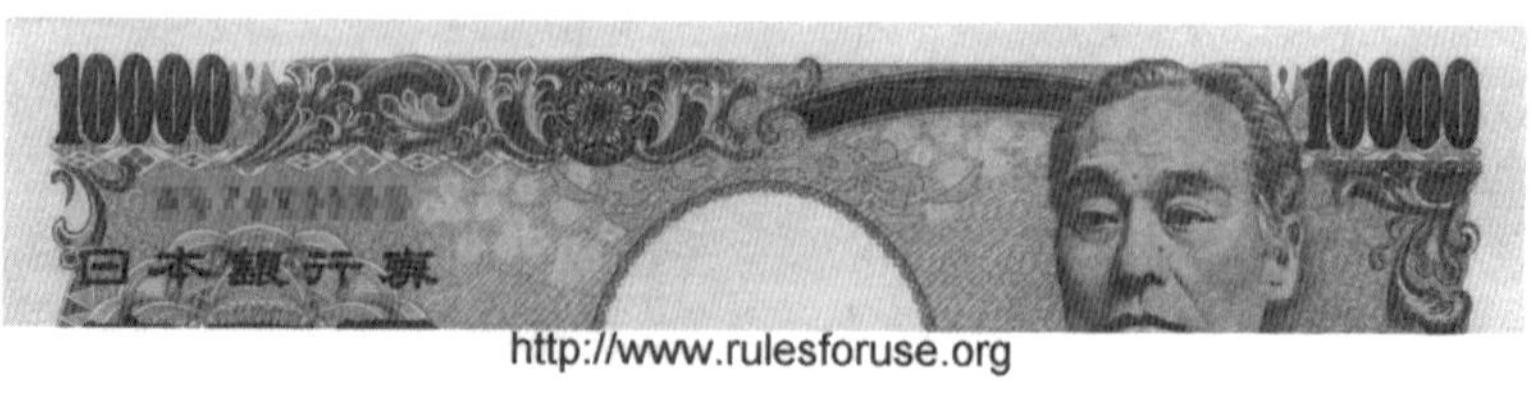


【図17】印刷は途中で止まりURLがプリントされた。ただ、URLが印刷されても、それは単純に警告だけであって、どこかへ通報されることはない。

キヤノン製インクジェットプリンタにおいては、URLは印刷されませんが、途中で印刷を中止し用紙は排出されます【図18】。著者が実験したところ、この数年の間で発売された家庭用インクジェットプリンタの殆どで紙幣の印刷は抑止されているようです。ところが、それはあくまでも、この数年間で発売された機種だけのこと、それ以前のプリンタについてはまったく問題なく印刷されます。さらに、多くの場合、プロテクトは家庭用だけに施された技術であって、事務所などで利用されるページプリンタや複合機にはプロテクトは採用されていませんでした。沖データ製のC810【図19】や複合機のシャープ製 MX-2000F【図20】などはとても綺麗に印刷できます。とくに沖データ製のC810に至っては色校正をすることなく、本物に近い色合いを再現することができました。

アプリケーションソフトに施されたプロテクトは、紙幣画像を開くことができないというもの。写真などを加工するアプリケーションソフトのAdobe製Photoshopは、スキャナなどで鮮明に作り込まれた画像ファイルを開こうとするとエラーダイアログが表示されます【図

【図18】キヤノン製インクジェットプリンタ。途中で印刷を中止し用紙を排出してしまった。

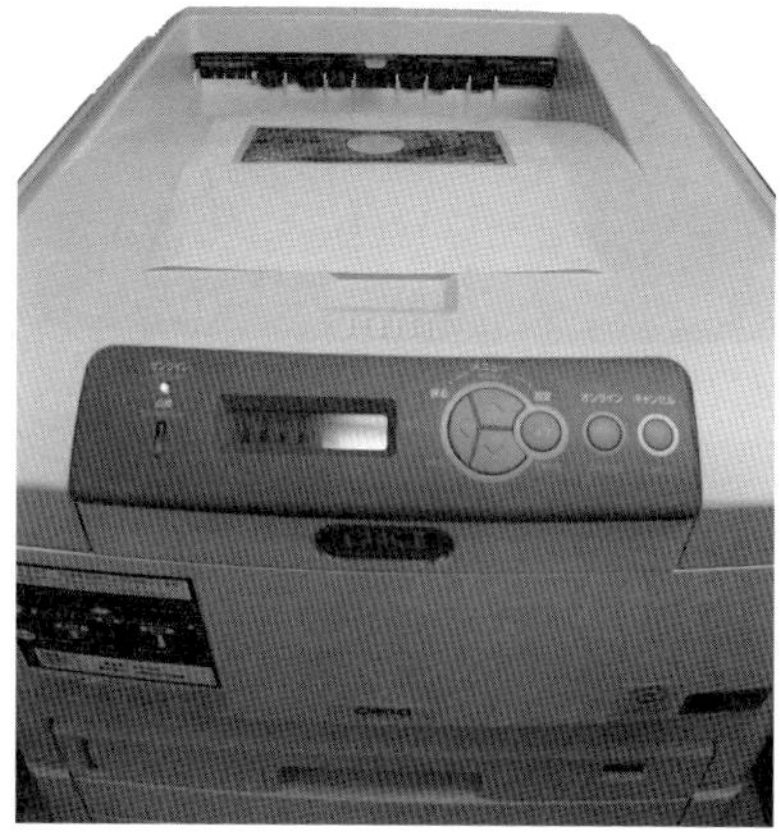

【図19】とても綺麗に紙幣が複写できた。沖データ製C810カラーページプリンタ。

21】。ファイルが開かないのであれば、複製を作ることもできません。ただし、悪意を持った人に対しては、このようなプロテクトも賛成かつ効果的なのですが、デザイナーとして紙幣画像を流用しようとしたとすると困った事態になります。ただし、これもPhotoshopに限った話です。Windowsに標準で搭載されているペイントや他メーカ製のドロー系ソフトを使えば何ら問題なく紙幣画像を開くことができます。

【図20】
スキャナや複写の抑止機能はついているが、出力だけなら問題なく紙幣が印刷できる。

紙幣の画像化を抑止するプロテクトも存在しています。複合機や複写機に搭載されているスキャナ機能は、オフィス機器であっても紙幣が複製できない仕組みになっています。安易な気持ちで紙幣のコピーが出来たのでは困りものです。複写が出来ないプロテクトは必須でしょう。実際に実験してみると、複合機のLCDパネルに警告メッセージが出て複写動作がリセットされる機種、複写はできても、印刷されたコピーが全面ブルーになる等の対応がされていました。

複写機による単純コピーや、複合機にあるスキャナを使うことができなくても、イメージスキャナでは、何らプロテクトが施されていません。結果として、紙幣はイメージスキャナで画像化し、Adobe製以外のドロー系ソフトで画像ファイルを開き、カラーページプリンタで出力する方法を選択するなら、現在でも人を騙す偽札を作ることが可能です。

多くのプロテクトが考えられていますが、今ひとつ足並みがそろっていない事実は承知しておく必要がありそうです。

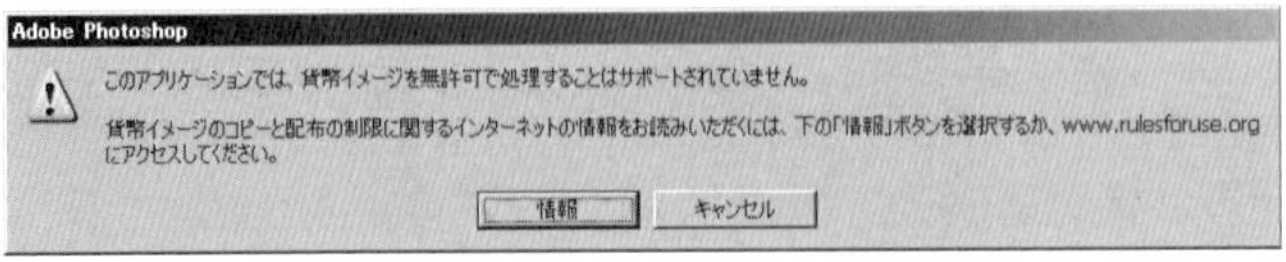


【図21】Adobe製Photoshopの画像ファイルを開こうとするとエラーダイアログが開く。

著者略歴

村岡伸久（むらおか のぶひさ）

汎用コンピュータのOP／PG／SE、パソコンPCを経て、大手パソコンソフトのユーザーサポート運用／管理、これらのノウハウを生かしてアプリケーション入門書等を執筆。現在は、ソフトの製品開発をしながら紙幣や硬貨関連機器等の動向をウォッチしている。


偽札百科《にせさつひゃっか》

2010年9月6日　初版第1刷印刷
2010年9月10日　初版第1刷発行

著者　村岡伸久
発行者　佐藤今朝夫
発行所　国書刊行会
〒174-0056　東京都板橋区志村1-13-15
TEL. 03-5970-7421　FAX. 03-5970-7427
http://www.kokusho.co.jp

装幀　ヤマザキミヨコ（Mario Eyes）
印刷　（株）シーフォース
製本　（資）村上製本所

ISBN 978-4-336-05226-1
乱丁本・落丁本はお取り替えいたします。

## 世界の市場

**松岡絵里著**　世界遺産よりもおもしろい！　パリのマルシェから、ニューヨークの農業市、南米の魔女市場まで。旅して食べて買って歩いた、世界約100の市場を徹底ガイド。鶴田真由、妹尾河童、高野秀行のインタビュー掲載。　1,890円

## ヘルズ・エンジェルズ
### —地獄の天使たち　異様で恐ろしいサガ

**ハンター・S・トンプソン著／飯田隆昭訳**　ゴンゾー・ジャーナリストとして知られるハンター・S・トンプソンのデビュー作。バイクに乗ったギャング集団、ヘルズ・エンジェルズに単身乗り込み、その実態に迫るルポルタージュ。　2,730円

## 20世紀破天荒セレブ
### ありえないほど楽しい女の人生カタログ

**平山亜佐子著**　伝説の高級娼婦に伝説のレズビアン、女優に女傑に女創業者などなど、美貌、財力、才能、度胸、女力を駆使して怒濤の20世紀を生き抜いた「規格外」な女たちの破天荒人生カタログ。　1,680円

※価格税込。改訂する場合もあります。